세**상에 대하여**
우리가
더잘 **알아야 할**
교양

67

지은이 소개

지은이 **양서윤**

서울에서 태어나 자랐고 한국외국어대학교에서 영어와 스페인어를 공부했습니다. 초등학교에서 영어를 가르치다가 국내에 알려지지 않은 사회·과학 분야의 문제를 접하고 관심을 가졌습니다. 청소년에게 세계인의 다양한 시각을 알리고자 글쓰기를 시작했습니다. 인간이 환경에 미친 영향과 이를 극복할 미래 기술에 관심이 많아 다양한 분야의 전문가들과 미래 이슈를 토론하고 공유하는 Whys에서 활동하고 있습니다. 저서 《세상에 대하여 우리가 더 잘 알아야 할 교양 60: 올림픽과 월드컵, 개최해야 하나?》를 집필했습니다.

세 상에 대하여
우리가
더 잘 알아야 할
교양

양서윤 지음

67

우주개발
우주 불평등을 초래할까?

내인생의책

차례

※ 본문의 **굵은 글씨**로 표시된 단어는 111페이지 용어 설명에서 찾아보세요.

들어가며 : 지구를 위협한 톈궁 1호

2018년 4월 2일, 중국 최초의 **우주정거장** 톈궁 1호가 지구를 향해 추락했습니다. 톈궁 1호는 추락하기 2년 전부터 기계 결함이 발생해 지상에서 통제할 수 없는 상태였어요. 길이 10.5m, 무게 8,500kg의 톈궁 1호가 언제, 어디에 떨어질지 알 수 없어 사람들은 불안에 떨었습니다.

중국은 톈궁 1호의 추락이 피해를 일으킬 가능성은 희박하다고 주장했습니다. 톈궁 1호가 **대기권**에 진입하면 대기와의 마찰로 화재가 나 소멸할 것이고 설령 잔해가 남더라도 인구 밀집 지역에 떨어질 확률은 벼락 맞을 확률만큼 낮다고 강조했지요.

그러나 톈궁 1호가 서울, 파리, 뉴욕과 같은 대도시에 떨어져 피해를 줄 가능성을 완전히 배제할 순 없었습니다. 톈궁 1호의 추락이 임박하자 세계 각국은 우주 위기 경보를 발령했어요. 추락 한두 시간 전까진 정확한 낙하 지점을 알 수 없었습니다. 아니나 다를까, 톈궁 1호가 대서양에 떨어질 거란 과학자들의 예측은 빗나갔어요. 톈궁 1호가 실제로 추락한 지점은 남태평양이었습니다. 다행히 바다에 추락해 인명과 큰 재산 피해는 없었습니다.

인공위성과 같은 인공 우주물체가 대기권에 진입하면 일반적으로 대기와 마찰해 고열이 발생하면서 다 타 버립니다. 하지만 톈궁 1호처럼 거대할 경우 대기권을 통과한 뒤에도 잔해가 넓게 흩어져 지표면에 닿을 수 있습니다. 실제로 톈궁 1호의 잔해가 유성우처럼 불타오르며 추락하는 모습이 포착되기도 했습니다.

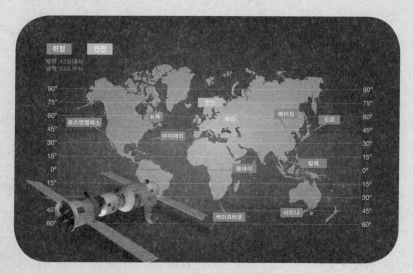

▌톈궁 1호가 추락할 가능성이 있던 도시

톈궁 1호 위기는 무사히 지나갔지만, 인공 우주물체가 또다시 추락할지 모른다는 공포는 여전합니다. 지난 40년 동안 지상에 떨어진 것으로 추정되는 인공 우주물체의 무게는 무려 5,400t에 달합니다. 만약 떨어진 파편이 인명과 재산에 해를 가한다면, 과연 누구에게 책임을 물을 수 있을까요?

1978년 **소련**의 정찰위성 코스모 954(Kosmos 054)가 캐나다 북서부 지역에 추락하며 수십 개의 파편을 흩뿌렸습니다. 코스모 954가 원자로를 탑재하고 있었기 때문에 캐나다 정부는 즉각 잔해를 청소하고 주변 지역을 복구하기 위해 나섰지요. 인명 피해는 발생하지 않았지만 60여 곳의 지역이 방사능에 오염되었습니다. 복구 과정에서 캐나다 정부는 1,400만 캐나다 달러의 비용을 들였습니다. 지금 환율로 계산하면 약 115억 원에 이르는 거금이에요. 캐나다는 이 중 600만 캐나다 달러를 소련에 청구했고 3년간의 교섭 끝에 소련이 300만 캐나다 달러를 배상하기로 합의했습니다.

인공 우주물체가 추락해 인명 피해를 일으킨 사례는 아직 알려진 바가 없습니다. 그러나 우주선과 위성 발사가 지속해서 늘어나는 만큼 추락의 위험도 점점 커져만 갑니다. 그뿐만 아니라 과도한 우주개발이 불러온 부작용이 곳곳에서 드러나고 있습니다. **첩보**위성이 우리 일상을 속속들이 감시하고, 우주선 개발을 빙자한 군비경쟁이 지구의 평화를 위협하기까지 합니다.

우주 시대는 먼 미래일까요? 아닙니다. 우리는 이미 우주 시대에 살고 있습니다. 아침에 일어나 통신위성이 전한 세계 곳곳의 뉴스를 시청하고, 기상위성이 예측한 일기예보에 맞춰 옷을 차려입으며, GPS 위성이 제공한 교통정보를 따라 이동해요. 어느덧 우주는 인류의 생활 무대가 됐습니다. 과학기술의 발전과 함께 우주개발 역시 계속 진보할 것입니다.

그렇기 때문에 우주개발에 더욱 신중해야 합니다. 지난날 인류는 지구를 난개발하며 자연과 생명을 무수히 파괴했습니다. 과거를 타산지석 삼아 앞으로의 우주개발은 평화와 상생의 가치를 중심에 두고 이루어져야 합니다. 이 책에서 우리는 우주개발의 과거와 현재를 살펴보고, 우주개발이 낳은 문제점과 그 극복 방안을 함께 알아봅니다.

1장 우주, 인류가 꼭 가야 할 곳

'우주(宇宙)' 라는 단어를 이루는 한자 '우(宇)'와 '주(宙)'는 모두 지붕을 뜻합니다. 이 지붕은 도무지 끝을 알 수 없을 만큼 거대한 공간이죠. 우주의 너비는 약 300억 **광년**으로 추정합니다. 평평한 지구를 중심으로 태양이 공전한다고 믿던 수천 년 전에도 사람들은 밤하늘을 보며 우주를 꿈꿨습니다. 15세기 레오나르도 다빈치가 비행기와 헬리콥터를 스케치하며 하늘을 날고자 했다면, 오늘날 인류는 태양계 너머 다른 은하계로 향하는 우주여행을 꿈꿉니다.

알아두기

광년(Light year, 光年)
1광년은 빛이 진공 속에서 1년 동안 나아간 거리입니다. 빛은 1초에 300,000km를 갑니다. 1초 동안 지구 둘레를 7바퀴 반이나 도는 셈이에요.
1광년 = 300,000(km) × 60(초) × 60(분) × 24(시간) × 365(일)
= 9조 4,000억km

가장 나이 많은 자연과학, 천문학

천문학은 자연과학 분야 중 가장 오래전부터 연구한 학문입니다. 인류는 선사시대부터 하늘을 관측했어요. 별을 보며 날씨를 예측해 농사를 지었습니다. 고대 이집트에서는 1년의 길이를 365일로 정한 태양력을 만들었고, 메소포타미아에서는 황도 12궁이라는 별자리를 만들었지요. 우리 선조들도 예부터 천문학에 꾸준한 관심을 기울였습니다. 청동기시대에 세워진 고인돌에선 별자리를 새겨 넣은 흔적이 발견되었어요. 삼국시대 신라에서는 첨성대를 지어 별의 움직임을 관측했고, 조선시대 때도 혼천의를 제작해 천체 운동을 연구했습니다.

불가능을 가능으로 바꾼 로버트 고다드

오랜 관심과 연구에도 지구 밖 우주는 인간이 감히 범접할 수 없는 영역이었습니다. 그러던 1919년, 미국의 로봇 공학자인 로버트 고다드는 로켓이 지구의 중력을 이겨내고 우주로 나갈 수 있다는 내용의 논문을 발표했어요. 하지만 비행기도 얼마 날지 못하던 때에 고다드의 연구는 시대를 너무 앞선 이야기였습니다. 당시 《뉴욕 타임스》는 로켓이 달에 도달한다는 주장이 황당하기 그지없다며 조소 어린 기사를 내기도 했습니다.

그러나 고다드는 굴하지 않고 연구를 이어 나갔습니다. 고다드는 진공 상태인 대기권 바깥에선 산소가 없어 연료가 연소하지 못하는 문제를 발견했어요. 이를 해결하기 위해 고다드는 휘발유와 액체산소를 혼합했습니다. 그러자 이륙 후에도 줄곧 로켓에 추진력을 공급할 수 있었어요. 고다드는 1926년 세계 최초로 액체로켓 발사에 성공했습니다. 액체로켓의 성공은 우주 진출에 결정적인 계기가 되었습니다. 이후 러시아와 미국은 고다드가 고안한 방식을 이용해 우주선을 쏘아 올렸습니다.

《뉴욕 타임스》는 1969년 아폴로 11호가 이륙한 다음 날, 사과문을 게재해 49년 전 실수를 인정했습니다.

"추가적인 연구와 실험을 통해 17세기 아이작 뉴턴의 발견이 입증됐고, 이제 대기권뿐 아니라 진공상태에서도 로켓이 작동할 수 있다는 사실이 명백히 확인됐다. 본지는 실수를 후회한다."

▌ 1926년 3월 16일 고다드가 인류 최초로 액체로켓을 발사하기 직전의 모습
출처: flickr, NASA Goddard Space Flight Center

전문가 의견

불가능이 무엇인지 말하기는 어렵다. 어제의 꿈은 오늘의 희망이며 내일의 현실이기 때문이다.

– 로버트 고다드(Robert H. Goddard)

생명력을 잃어가는 지구

푸른 행성 지구에서 우리는 얼마나 더 살아갈 수 있을까요? 석유, 석탄, 천연가스 등 인류가 주로 사용하는 에너지자원인 화석연료는 수십 년 안에 고갈될 수도 있어요. 대기 중 온실가스의 양이 급증하면서 지구는 점차 뜨거워지고 있죠. 극지방의 빙하가 녹아 해수면이 상승하자 저지대 마을엔 홍수가 잦아졌습니다. 오존층이 파괴되어 수온이 상승하면서 물속 생태계가 무너지기도 했지요. 기후변화에 적응하지 못한 동식물들은 멸종 위기에 처해 있어요. 인간의 무분별한 개발이 계속되면서 삼림 면적은 대폭 줄었습니다. 생명의 땅 지구는 어느덧 메말라 가고 있습니다. 어쩌면 우리는 더 늦기 전에 지구를 떠나 저 우주 어딘가에 새로운 삶의 터전을 마련해야 할지도 모릅니다.

우주개발은 남는 장사?

초창기의 우주개발은 투자에 비해 실질적인 이득을 얻기 힘든 분야로 여겨졌습니다. 워낙 막대한 **예산**이 필요하기 때문이죠. 하지만 오늘날 방송, 통신 분야의 상업위성이 창출하는 이윤이 눈에 보이기 시작하면서 점차 우주는 높은 경제성을 지닌 공간으로 주목받고 있습니다.

우주산업의 규모는 최근 10년 새 두 배 가까이 늘 정도로 급성장했어요. 미국의 우주 재단 '스페이스 파운데이션(Space Foundation)'이 발간한 〈스페이스 리포트 2016〉에 따르면 전 세계 우주산업 규모는 2005년 1,767억 달러(우리 돈 약 199조 원)에서 2015년 3,230억 달러(약 365조 원)로 증가했어요. 연평균 7% 이상의 성장세를 꾸준히 이어 오고 있습니다.

1990년대 들어 통신위성 기술이 발달하면서 **민간기업**도 인공위성 사업에

인물탐구 스티븐 호킹(Stephen William Hawking)

양자물리학과 상대성이론을 통해 빅뱅 이론과 블랙홀 연구에 크게 이바지한 스티븐 호킹. 호킹은 뉴턴과 아인슈타인의 뒤를 잇는 가장 명망 높은 물리학자입니다. 21살의 나이에 온몸의 운동신경세포가 파괴되는 루게릭병에 걸렸음에도 50여 년간 포기하지 않고 연구를 이어온 진정한 학자이지요.

2017년 BBC와의 인터뷰에서 호킹은 인류가 우주개발에 박차를 가해야 한다며 다음과 같이 경고했습니다.

▎ 스티븐 호킹

"100년 안에 지구를 떠나야 한다. 자연재해와 소행성 충돌, 유행성 전염병, 인구 과잉, 기후변화 등의 위기로 인류가 멸종할 위험성이 계속 증가한다. 생존을 원한다면 미래 세대는 우주 공간에서 살아갈 방법을 찾아야 한다." 이 섬뜩한 발언은 많은 이들에게 충격을 던졌습니다. 2018년 3월, 안타깝게도 스티븐 호킹은 눈을 감았지만, 누구보다 뛰어난 우주 과학자였던 그의 경고는 오랫동안 인류의 뇌리에 남을 것입니다.

뛰어들기 시작했습니다. 과학기술정보통신부 발표에 따르면, 지구관측위성 데이터 시장은 2016년 18억 달러(약 2조 원)에서 2026년 30억 달러(약 3조 4,000억 원)까지 확대될 것입니다. 현재 지구 주위를 돌고 있는 인공위성 중 상업위성만 해도 수천 기가 넘으며, 관련 정부를 비공개하는 군사위성까지 포함하면 그 숫자는 훨씬 많을 것으로 예상됩니다.

대한민국의 우주산업 수익

우리나라도 인공위성 사업을 통해 이익을 얻고 있어요. 2018년 2월, 필리핀과는 1년간 1억 페소(약 21억 2,000만 원), 인도와는 2년간 400만 달러(42억 8,000만 원)의 위성영상 수출 계약을 맺었습니다. 계약에 따라 우리나라는 아리랑 위성이 필리핀과 인도의 영토를 촬영한 영상을 각국에 제공합니다.

특히 필리핀과는 지난 2015년 위성영상 직접 수신 설비를 수출한 데 이어 두 번째 계약입니다. 열대지방에 위치한 필리핀은 두꺼운 구름에 가려 지상 상황을 정확히 파악할 수 없기 때문에 초고해상 레이더 영상을 계속 필요로 해 왔습니다. 필리핀 정부는 때와 날씨를 가리지 않고 촬영 가능한 위성영상을 확보해 홍수 피해 파악, 국토 관리와 같은 국가정책 수립에 적극 활용할 계획입니다.

우주개발의 경제효과

2013년 대한민국 최초의 우주 **발사체** 나로호(KSLV-I: Korea Space Launch Vehicle-I)의 발사 성공은 상당한 경제적 가치를 생산했어요. 산업연구원에 따르면 나로호 발사 성공은 직간접적인 산업 연관효과와 외국인투자, 기술 파급효과 등을 포함해 최소 1조 8,200억 원, 최대 2조 4,000억 원의 경제효과를 만들어 냈습니다. 개발비 5,100억 원과 비교하면 무려 5배가량 효과를 거둔 셈이에요. 현재 개발 중인 누리호(KSLV-II)도 산업 생산 2조 955억 원, 부가가치 1조 3,657억 원, 일자리 창출 2만 6,000여 명만큼의 경제효과를 낼 것으로 예상됩니다.

우주기술이 바꾼 일상생활

항공우주과학기술이 꼭 지구 밖으로만 뻗어 나가진 않았어요. 우주탐사를 위해 개발한 기술이 의외로 우리 실생활에 많은 영향을 끼쳤습니다. 미국 항공우주국(NASA, National Aeronautics and Space Administration, 이하 NASA)은 우주개발 과정에서 파생된 수많은 기술을 민간에 제공해 일상생활이 풍요로 워지는 데 기여했어요. '스핀오프(Spinoff)'란 특정 연구 기술을 다른 분야와 접목해 다양한 제품을 만들도록 산업계에 기술을 전해 주는 활동을 말합니다.

NASA는 1976년부터 약 2,000개에 달하는 기술을 의료, 운송, 공공안전, 소비재, 에너지와 환경, 정보 기술, 산업 생산 분야로 구분해 공개하고 있습니다. NASA는 홈페이지(https://spinoff.nasa.gov)를 통해 스핀오프 사례를 해마다 발표해요. 1976년부터 현재까지 매년 새롭게 적용된 기술을 알아보고 우주개발이 우리 삶에 미치는 긍정적 영향과 발전 상황을 파악할 수 있지요.

우리 실생활에선 어떤 우주기술이 쓰이고 있을까요? 아기가 먹는 분유에는 우리 몸에 필요한 영양소를 빠짐없이 조합하는 우주식량 기술이 적용되었어요. 얇은 LED TV는 우주선 안에서 크고 무거운 브라운관 대신 사용하기 위해 개발되었습니다. 정수기 역시 물이 부족한 우주선에서 더러운 물을 재활용하는 필터 기술로부터 출발했어요. 그 외에도 셀 수 없이 많은 우주기술이 우리 곁에 있답니다.

사례탐구 NASA의 대표적인 스핀오프

▌ 메모리폼   ▌ 적외선 귀 체온계   ▌ 방호복

운동화

생활 속 가장 가까운 곳에 적용된 우주기술은 운동화 안창입니다. NASA 는 1950년대 우주복 부츠에 충격 흡수용 스프링 안창을 사용했습니다. 신 발의 안창이 세상에 처음 등장한 순간이지요. 딱딱한 바닥을 편하게 걷도 록 도와주는 안창은 NASA의 대표적인 개발품입니다.

메모리폼

메모리폼은 우주선 발사 시 높은 중력가속도에서도 우주인이 편안할 수 있 도록 개발되었습니다. 우주선 좌석의 메모리폼은 우주인이 받는 충격을 대 신 흡수합니다. 인체 굴곡에 따라 몸에 가해지는 압력을 균일하게 분산하는 원리입니다. 메모리폼은 침대와 베개, 소파, 자동차 시트 등에 활용됩니다.

디지털카메라 센서(CMOS)

CMOS란 렌즈를 통해 들어온 빛을 전기신호로 바꾸어 저장하는 센서입니 다. 우주에서 쓰는 카메라의 크기를 작게 줄이기 위해 발명되었지요. 오늘 날 CMOS는 DSLR 카메라나 휴대전화의 주요 부품으로 사용됩니다.

적외선 귀 체온계

적외선 귀 체온계에는 별 온도를 측정하는 방법이 사용되었어요. 열에너지가 전자기파로 방출되는 것을 측정하는 원리입니다. 기존 체온계와는 달리 코 속이나 입안 피부에 직접 접촉하지 않고 체온을 측정할 수 있어 감염 위험을 낮추었습니다.

방호복

우주 환경에서 우주인을 보호하는 의복 기술이 소방용 방호복에 적용되었습니다. 열에 강한 방호복 덕분에 소방관은 뜨거운 온도에서도 안전하게 구조 활동을 할 수 있습니다. 군복과 자동차 경주 복장에도 같은 기술이 쓰인답니다.

내진 장치

진동 충격 흡수 장치는 우주선 발사 순간에 발생하는 흔들림을 견디기 위한 기술입니다. 건물이나 다리를 지을 때 이 기술을 응용하여 건축물을 지진으로부터 보호합니다.

화재경보기

건물에서 흔히 볼 수 있는 화재경보기도 우주기술에서 비롯한 장치입니다. 화재경보기는 미국의 우주정거장 스카이랩(Skylab)에서 화재를 감지하기 위해 개발되었습니다.

태양 전지판

태양 전지판은 태양열을 전기에너지로 바꾸는 친환경 장치입니다. 주택 지붕, 손목시계, 계산기 등에 설치되어 전기를 생산하지요. NASA는 우주에서도 전력을 공급하기 위해 태양전지 기술을 만들었습니다.

집중탐구 오스카 트로피의 도금이 벗겨지지 않는 비결

아카데미 시상식(the Academy Awards)은 미국 최대의 영화 시상식입니다. 아카데미에서 상을 받은 영화와 배우는 세계적으로 큰 명성을 얻기도 하죠. 아카데미 수상자에게 주어지는 황금빛 트로피의 이름은 '오스카(Oscars)'입니다. 화려

| 오스카 트로피

한 트로피가 워낙 유명해 시상식의 이름 자체를 오스카라고 부를 정도입니다. 그런데 바로 이 오스카 트로피에도 우주기술이 쓰였다는 사실을 알고 있나요?

얼마 전까지 오스카는 주석에 금을 코팅해 만들었어요. 하지만 세월이 흐르자 도금한 표면이 벗겨져 칙칙하게 변색했습니다. 해결 방안을 궁리하던 아카데미 측은 2018년부터 NASA의 특별한 기술을 트로피에 적용했어요. NASA는 적외선을 민감하게 반사하는 금의 성질을 이용해 차세대 우주 망원경의 부품을 금으로 코팅해 왔습니다. NASA는 시간이 지나도 산화하지 않고 견고함을 유지하는 금 코팅 기술을 찾아냈어요. 이에 주목한 아카데미 측은 NASA의 금 코팅을 전담하는 업체를 만나 오스카 트로피의 도금을 부탁했습니다.

해당 업체는 "우리의 금 코팅이 절대 벗겨지지 않을 거라 확신한다. 만약 트로피의 금빛이 벗겨진다면 무상으로 다시 만들어 주겠다. 하지만 그런 일은 절대 일어나지 않을 것."이라며 자신감을 내비쳤습니다. 우주기술은 아카데미 시상식에서도 밝게 빛나고 있습니다.

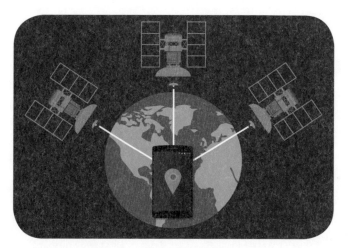

▎ GPS는 지구 주위를 도는 위성으로부터 위치 정보를 수신한다.

위치 정보를 척척, GPS

GPS는 위성에서 보내는 신호를 수신해 사용자의 현재 위치를 계산하는 위성항법시스템입니다. 자동차 내비게이션이 처음 가는 길을 척척 찾는 것도, 휴대전화를 추적해 실종자의 위치를 확인하는 것도, 길을 잃었을 때 전자지도가 나아갈 방향을 안내해 주는 것도 모두 GPS 덕분입니다. 발명 초기 GPS는 오차범위가 15m에 달할 정도로 부정확했어요. 하지만 이후 개선을 거듭해 오늘날의 초정밀 GPS는 오차범위가 수 센티미터에 불과할 만큼 정교해졌습니다.

GPS는 지구 주위를 도는 24개 위성으로부터 위치 정보를 수신합니다. 그렇다고 24개 위성 모두가 동시에 필요한 것은 아니에요. 한 지점의 정확한 위치를 파악하기 위해선 기본적으로 3개의 위성이 필요해요. 여기에 시간 오차를 확인하는 위성 1기가 더 이용됩니다.

사례탐구 GPS 무료 제공에 얽힌 우리나라의 아픔

GPS는 원래 미국에서 군사용으로 개발되었어요. 정확한 이름은 '미국 위치 정보 시스템(US Global Positioning System)'입니다. 1970년을 전후한 냉전 시기, 미사일과 항공기의 위치를 파악하기 위해 미국 국방성이 위성을 띄우며 시작되었지요. 오늘날엔 이 유용한 정보를 전 세계인이 무료로 사용해요. 정보가 곧 돈이 되는 시대에 미국은 GPS 정보를 왜 무료로 공개할까요? 놀랍게도 대한민국의 안타까운 사고가 GPS 정보를 공개하는 계기였습니다. 1983년 9월 1일 뉴욕에서 출발해 앵커리지를 경유, 서울로 향하던 KAL 007편 보잉747 여객기가 항로를 이탈했어요. 관성항법장치에 문제가 생겼기 때문이지요. 방향을 잃고 소련의 영토에 침입한 여객기는 첩보기로 오해받았습니다. 결국, 여객기는 소련 전투기의 미사일 공격을 받아 추락했고, 승객과 승무원 등 탑승객 269명은 모두 숨졌습니다.

이 비극적인 사건을 계기로 레이건 당시 미국 대통령은 군용으로만 쓰던 GPS를 민간에 개방하기로 했습니다. 다만 GPS가 일상에서 본격적으로 활용되기 시작한 것은 2000년 이후입니다. 미국이 GPS를 민간에 개방하기는 했지만 다른 나라에서 군사용으로 사용하지 못하도록 GPS 신호에 고의로 오차를 넣었기 때문이죠. 마침내 2000년 클린턴 대통령이 오차를 없애면서 GPS의 민간 활용이 급증했습니다.

재난 복구를 돕는 인공위성

인공위성이 재난 지역 복구에 큰 도움을 준다는 사실을 알고 있나요? 인공위성 보유국인 우리나라는 인터내셔널 차터(International Charter)의 회원입니다. 인터내셔널 차터는 지구관측위성을 보유한 미국, 소련, 중국, 캐나다,

유럽연합, 브라질 등 17개 인공위성 보유국이 자발적으로 참여한 기관입니다. 인터내셔널 차터는 지진, 태풍, 해일, 폭우, 화재 등 자연재해 발생 시 해당 지역의 위성영상을 신속하게 제공합니다. 2000년부터 활동을 시작한 인터내셔널 차터는 2018년까지 600건에 가까운 위성 자료를 제공하여 재해 상황 파악 및 복구를 지원했어요. 재난 극복에 이바지하는 고마운 단체이지요.

우리나라는 중국 쓰촨성 지진을 비롯해 수단과 방글라데시 홍수, 칠레 화재, 미국 사이클론 등 여러 재난 지역의 사진을 제공했습니다. 위험 지역에 사람이 직접 접근하기 어려울 때 위성사진은 큰 도움이 됩니다. 재난으로 인한 피해 규모를 정확히 파악할 수도 있고, 앞으로의 진행 양상을 예상해 주민을 미리 대피시킬 수도 있죠. 인공위성이 없다면 일일이 피해 지역을 방문하면서 복구에 많은 시간을 소모해야 합니다. 이처럼 인공위성은 재난 복구에 큰 보탬이 되고 있습니다.

간추려 보기

- 인류는 자원 고갈, 자연 재난 등의 위험을 피해 우주에 새로운 삶의 터전을 마련하고자 한다.
- 높은 경제효과를 지닌 우주산업이 최근 주목받고 있다.
- NASA는 우주개발 과정에서 파생된 기술을 수십 년째 민간에 제공한다.
- GPS는 인공위성을 통해 지구상의 위치를 쉽게 추적할 수 있는 위성항법시스템이다.
- 인터내셔널 차터는 재난 발생 시 위성 자료를 제공하여 피해 복구를 돕는 국제단체이다.

2장 미·소 냉전과 우주 경쟁

제2차

세계대전이 끝나고, 동유럽 지역엔 소련을 중심으로 사회주의 정권이 들어섰습니다. 미국은 서유럽 국가와 모여 사회주의 세력이 더는 커지지 않도록 견제했어요. 1991년 소련이 붕괴할 때까지 약 45년간 미국과 소련이 대립한 양상을 '냉전'이라고 부릅니다. 양국은 정치, 경제, 문화 등 사회 모든 분야에서 서로 경쟁했어요.

미국과 소련은 그중에서도 우주탐사를 통해 국력을 과시했습니다. 수차례 핵전쟁 위기를 거친 두 나라는 순수하게 우주를 탐험하기보다는 군사력을 선전하는 장으로 이용했어요. 과열된 우주 경쟁은 부작용을 일으키며 많은 희생을 강요했습니다.

우주 경쟁 시대

제2차 세계대전 이후 미국과 소련은 첨예하게 대립했습니다. 미국은 두 번의 전쟁을 거치며 명실상부한 강대국으로 올라섰지만 소련은 경제와 군사 분야에서 미국에 다소 뒤처졌지요. 만일 다시 전쟁이 벌어진다면 소련은 미국에 대항하기 쉽지 않은 상황이었어요.

이에 당시 소련의 지도자 니키타 흐루쇼프는 미국을 위협할 장거리 미사일 개발에 앞장섰습니다. 1957년 소련은 세계 최초의 인공위성 스푸트니크 1호(Sputnik-1)를 성공적으로 발사했어요. 뒤이어 인류 역사상 가장 강력한 수소폭탄인 '차르 봄바(Tsar Bomba)'까지 제작합니다. 차르 봄바는 제2차 세계 대전에서 일본 히로시마와 나가사키에 투하한 핵폭탄을 모두 합친 것보다 1,000배 이상 강력했어요.

소련이 우수한 공군력을 갖추자 미국은 공포에 떨었습니다. 우주로 인공위성을 쏘아 올릴 정도의 로켓이라면 미국 본토를 향해 핵폭탄을 날릴 수도 있기 때문이죠. 이때 미국인들이 느꼈던 엄청난 충격과 공포를 '스푸트니크 쇼크(Sputnik Shock)'라고 일컫습니다. 당시 미국의 대통령이던 드와이트 아이젠하워는 서둘러 NASA를 설립해 우주기술 개발에 착수했습니다.

▌ 지구 주위를 도는 스푸트니크 1호 상상도

미국과 소련이 우주 진출을 목표로 벌인 기술 개발 경쟁을 '우주 경쟁(Space race)'이라 부릅니다. 두 나라는 누가 더 먼 우주까지 나가고 누가 더 먼저 달에 착륙할지 겨루며 국가 주도로 과학기술을 발전시켰어요. 이처럼 우주개발은 순수한 과학적 호기심이 아닌 미국과 소련의 경쟁심에서 출발했습니다.

집중탐구 **쿠바 미사일 위기**

미국과 소련이 단지 우주 개발 분야에서만 경쟁한 건 아니에요. 우주개발이 한창 이던 1960년대, 미국과 소련의 군사적 대립은 핵전쟁 발발 코앞까지 치달았어요. 쿠바 미사일 위기는 두 나라 간 냉전이 절정에 이르렀음을 보여준 사건입니다. 당시 미국은 터키에 중거리 미사일을 배치한 상태였습

▮ 미국 바로 아래 위치한 쿠바

니다. 소련 영토를 향해 즉각 타격할 수 있는 미사일이었죠. 1962년 7월, 소련은 이에 맞대응하기 위해 미국 바로 아래 위치한 공산국가 쿠바에 핵미사일 기지를 건설하기로 했습니다. 쿠바는 미국에서 남쪽으로 겨우 145km 떨어진 곳에 있었어요. 이미 핵무기를 보유하고 있던 미국과 소련은 어느 한쪽이라도 먼저 도발하면 곧장 핵전쟁을 일으킬 기세였습니다.

흐루쇼프는 핵미사일을 실은 배를 쿠바로 보냈습니다. 당시 미국 대통령이던 존 F. 케네디는 10월 22일, 90척의 함대를 급파하여 쿠바 영해를 봉쇄하고 소련의 철수를 요구했어요. 이에 반발한 소련은 6척의 핵잠수함을 파견해 미국 함대를 그대로 뚫고 지나가라는 명령을 내립니다. 소련이 주저 없이 진격하자 미국은 전략폭격기에 핵탄두를 탑재할 준비를 마치고 여차하면 **탄도미사일**까지 발사할 수 있도록 대기했어요. 설상가상으로 미국 정찰기가 쿠바 상공에서 격추당하자 그토록 두려워하던 제3차 세계대전이 닥쳐왔다며 전 인류가 공포에 떨었습니다.

쿠바를 둘러싼 군사적 긴장이 고조되던 10월 28일, 흐루쇼프는 미국이 터키에 배치한 탄도미사일을 철수한다면 소련도 쿠바에 미사일을 설치하지 않겠다고 발표했습니다. 실제로 전쟁이 벌어진다면 미국의 군사력을 소련이 감당할 수 없다고 판단해 내린 결정이었어요. 소련은 약속대로 쿠바로 향하던 배를 돌리고 미사일을 철수했어요. 미국 역시 쿠바를 침공하지 않을 것을 약속했으며 터키에 배치한 핵미사일도 철수했습니다. 이로써 미국과 소련은 핵전쟁의 위기에서 가까스로 벗어났습니다.

전문가 의견

회의를 끝내고 백악관을 나오며 노을이 드리운 가을 하늘을 올려다보았다. 참으로 아름다운 저녁이었다. 그리곤 이내 '다음 토요일이 오기 전 우리 모두 다 죽고 말 것'이라는 공포에 휩싸였다.

– 로버트 맥나마라 당시 미국 국방장관
미국 정찰기가 격추된 1962년 10월 27일을 회상하며

자존심 대결

스푸트니크 1호 발사 한 달 뒤, 소련은 스푸트니크 2호도 우주 궤도에 안착시킵니다. 더 놀라운 건 로켓 안에 '라이카(Laika)'라는 이름의 개 한 마리가 탑승했다는 사실이었어요. 우주에 생명체를 보내 유인우주선의 가능성을 연 것입니다.

한발 늦은 미국은 NASA에 막대한 예산을 지원하며 우주개발에 박차를 가했어요. 하지만 스푸트니크에 대항하는 뱅가드(Vanguard) 로켓의 발사 실패가 전 세계로 생중계되며 미국은 자존심에 큰 상처를 입었습니다. 심지어 1961년엔 우주 비행사 유리 가가린(Yuri Gagarin)을 태운 소련의 유인우주선이 비행에 성공하면서 두 나라의 격차는 더 벌어졌어요. 급기야 1962년 케네디는 10년 안에 달에 인간을 보내겠다는 계획을 발표합니다.

그러나 케네디의 계획이 무색해 보일 만큼 소련의 우주기술은 빠르게 성장했어요. 소련은 연달아 유인우

▌ 최초의 우주인 유리 가가린의 소식을 보도하는 미국 언론, 출처: NASA

▌ 이륙하는 아폴로 11호

▌ 실제 달 표면에 남겨진 발자국
출처: NASA

주선을 쏘아 올렸고, 1963년에는 세계 최초의 여성 우주 비행사 발렌티나 테레시코바(Valentina Tereshkova)가 지구 주위를 무려 48바퀴나 돌았습니다. 1965년에는 소련의 우주인 두 명이 우주선 밖으로 나가 **무중력** 상태로 활동하는 우주 유영에 성공했지요.

반면 미국의 달 탐사 프로젝트인 제미니 계획(Project Gemini)은 좀체 성과를 내지 못하는 듯 보였습니다. 달 착륙 이후 지구로 안전히 귀환할 수 있는 추진체를 개발하는 데 오랜 시간을 소모했지요. 하지만 1969년 7월 16일, 마침내 아폴로 11호가 달을 향해 성공적으로 날아올랐습니다. 7월 20일 아폴로 11호에 탑재된 달 착륙선 '독수리(Eagle)'가 '고요의 바다'에 무사히 착륙하면서 달 착륙 경쟁은 미국의 승리로 돌아갔어요. 우주 비행사 닐 암스트롱은 인류 역사상 처음으로 달에 발을 디뎠습니다.

생각해 보기

우주로 떠난 유기견, 라이카

1957년 소련이 발사한 스푸트니크 2호에는 강아지 '라이카'가 탑승했어요. 유기견이었던 라이카는 모스크바 시내를 떠돌다 우주 과학자들의 눈에 들어 다른 유기견과 함께 우주 발사 훈련에 참여하게 됐습니다. 라이카는 다른 개들보다 침착하고 영리해 로켓에 탑승할 최초의 우주견으로 선발되었습니다.

▌ 훈련 중인 우주견 라이카
출처: NASA

1957년 11월 3일, 라이카는 안전띠로 꽁꽁 묶인 채 스푸트니크 2호에 실려 우주를 향해 떠났어요. 스푸트니크 2호에는 라이카가 우주에서 생존할 수 있도록 산소발생기와 물, 음식 등이 함께 실렸습니다. 당시 기술로는 스푸트니크 2호가 다시 지구로 귀환할 수 없었어요. 소련은 라이카가 우주 공간에서 지구를 바라보며 일주일 동안 생존하다가 계획대로 약물을 주입받아 고통 없이 눈을 감았다고 발표했습니다.

그러나 지난 2002년, 소련의 거짓말이 들통났습니다. 라이카가 우주선 안의 고온과 압력을 견디지 못해 발사 수 시간 만에 공포에 질려 생을 마감한 사실이 밝혀졌어요. 라이카의 죽음이 세상에 알려지자 동물 학대 논란이 일었고 전 세계에서 추모가 이어졌습니다. 라이카의 희생은 인류의 우주 진출에 크게 기여했지만, 동시에 많은 이들을 안타깝게 했습니다.

우주개발 참사

스푸트니크 1호 이후 많은 우주선이 성공적으로 우주를 오갔습니다. 그러나 성공의 이면에는 많은 희생이 존재합니다. 우주는 아주 위험한 극한의 환성입니다. 우주선은 최신 기술의 집합체인 만큼 실패의 위험이 매우 크지요. 오늘날까지도 크고 작은 우주선 사고가 끊이지 않습니다. 특히 미국과 소련의 우주 경쟁이 한창 과열되었던 시기에는 여러 참사가 일어났어요. 지금까지 발생한 대표적인 우주 진출 참사는 다음과 같아요.

R-16

1960년 소련은 스푸트니크를 잇는 새로운 로켓 R-16의 시험발사를 준비했습니다. 10월 혁명 기념일을 앞둔 소련은 로켓 발사를 기념일에 맞추기 위해 무리하게 준비했어요. 결국, 발사 30분을 앞두고 로켓이 갑자기 점화되며 순식간에 폭발했습니다. 소련의 공식 발표에 따르면 78명이 목숨을 잃었다고 하나, 일부 전문가들은 150명 이상이 사망했을 것으로 추정합니다. R-16 폭발 사고는 우주개발 역사상 가장 큰 인명 피해를 남긴 사건입니다.

소유스 1호(Soyuz 1)

1967년 소련의 우주 비행사 블라디미르 코마로프(Vladimir Komarov)를 태운 소유스 1호가 고장을 일으켰어요. 소유스 1호는 지구 귀환을 위해 대기권에 재진입했지만, 낙하산이 제대로 펼쳐지지 않아 시속 650km의 속도로 지면에 추락했습니다. 안타깝게도 코마로프는 우주 비행 중 숨을 거둔 최초의 우주인입니다.

■ 코마로프를 기리기 위해 발행한
러시아 우표

아폴로 1호(Apollo 1)

1967년 1월 27일, NASA는 아폴로 1호의 시험 훈련을 진행했습니다. 세명의 우주인이 우주선 캡슐 안에 탑승해 있었어요. 시험 도중 화재가 발생했는데 마침 캡슐 안은 불이 붙기 쉬운 순도 100% 산소로 채워진 상태였습니다. 화재는 손 쓸 틈도 없이 번졌고 캡슐 안 우주인들은 화재 발생 15초 만에 질식사하고 말았습니다.

챌린저호(Space Shuttle Challenger)

미국의 챌린저호 발사일인 1986년 1월 28일은 기온이 영하로 내려갈 만큼추운 날씨였어요. 기술자들은 추운 날씨 탓에 부품이 제 역할을 못 할 것이라며 발사 연기를 요청했습니다. 그러나 NASA는 이를 무시하고 발사를 강행했어요. 결국, 챌린저호는 발사 73초 만에 폭발했습니다. 우주선 발사를보기 위해 현장에 모인 많은 기자와 시민, 견학 온 아이들은 폭발 사고를 목격하곤 경악을 금치 못했습니다.

❚ 챌린저호의 폭발 모습

VSL-1

지난 2003년, 브라질의 알칸타라 우주 센터에서도 R-16 폭발과 비슷한 사고가 일어났습니다. 3일 후 발사 예정이었던 VSL-1 로켓이 엔진 고장으로 폭발하면서 발사대까지 불이 옮겨붙었습니다. 이 사고로 21명이 사망하고 로켓과 그 안에 탑재한 브라질 관측 위성 2기가 파괴되었으며 발사대도 붕괴했습니다. 거센 불길로 인해 발사대 주변 밀림까지 화재가 번졌습니다.

이외에도 우주선을 개발하고 발사하는 현장에선 사고가 끊임없이 발생합니다. 발사에 앞서 더욱 신중한 안전조치만이 앞으로 일어날 비극을 줄일 수 있어요.

인물탐구 로켓의 아버지, 베르너 폰 브라운

제2차 세계대전 직후 시작된 미국과 소련의 우주개발은 독일의 과학자 베르너 폰 브라운이 있기에 가능했어요. 그는 나치 독일 시절 오늘날의 장거리 미사일과 비슷한 원리로 날아가는 **V2 미사일**을 개발했습니다. 전쟁 막바지에는 1,000대가 넘는 V2가 영국을 위협하기도 했죠. 독일이 전쟁에서 패배해 미사일 연구를 중단하자, V2

▌ 마셜 우주 비행 센터를 둘러보는 폰 브라운(왼쪽)과 케네디 대통령 (오른쪽), 출처: NASA

의 위력을 알아본 소련과 미국이 재빨리 나섰습니다. 소련은 독일의 연구소에서 미사일 제조 시설과 부품을 가져갔고, 미국은 미사일 개발 담당자였던 베르너 폰 브라운 박사를 미국으로 데려갔지요.

소련은 독일의 미사일 제조 시설을 이용해 스푸트니크 1호를 우주로 쏘아

▌ 월트 디즈니(왼쪽)와 폰 브라운(오른쪽), 출처: NASA

올렸습니다. 이에 질세라 미국은 베르너 폰 브라운 박사를 NASA의 책임자로 임명했어요. 폰 브라운은 제미니 계획에 매진해 아폴로 11호의 달 착륙 성공을 진두지휘했습니다. 이처럼 두 나라 간 우주 경쟁의 바탕에는 베르너 폰 브라운이 있었어요.

폰 브라운의 로켓 기술은 놀랍게도 미국 디즈니랜드에 활용되기도 했습니다. 그는 디즈니랜드의 '투모로우 랜드(Tomorrow Land)' 설계에 참여했어요. '로켓 투 더 문(Rocket to the Moon)'과

'아스트로 제트(the Astro Jets)'라는 롤러코스터에 실제 로켓 기술이 적용되어

긴장감 넘치면서도 안전한 놀이 기구가 탄생했습니다.

▌ 홍콩 디즈니랜드 안의 투모로우 랜드

3장 우주전쟁의 서막

오늘날 우리는 인공위성을 이용해 위치 정보를 쉽게 찾아 가며 편리한 생활을 영위합니다. 그러나 인공위성이 우리를 돕는 차원을 넘어 일거수일투족을 매 순간 감시하고 있다면 어떨까요? 초고해상 카메라를 장착한 첩보위성이 수시로 머리 위를 날아다닙니다. 군사적 목적으로 사용하는 대륙간탄도미사일은 인공위성 발사와 같은 원리로 작동하지요. 첨단 우주기술이 세계 평화에 위협을 가한다는 주장이 날로 강해집니다. 우주 공간에 조금씩 전쟁의 그림자가 드리우고 있습니다.

더 선명해지는 위성사진

구글이 제공하는 전 세계 위성영상 지도 서비스인 구글 어스(Google Earth)를 클릭하면 누구나 위성이 촬영한 지구상의 모든 지역을 볼 수 있어요. 무료로 제공되는 3D 위성정보는 놀라울 정도로 정확해요. 건물의 크기는 물론 몇 그루의 나무가 있는지 셀 수 있고 주차장에 서 있는 차의 종류와 노점상에 놓인 의자 모양까지 알아볼 수 있습니다.

우리는 인공위성이 촬영한 지역 정보를 쉽게 확인하며 편리하게 생활합니다. 힘들게 전국을 디니머 지도를 그렸던 수고는 이제 필요 없어요. 비행기를 타고 멀리 여행하지 않아도 지구 반대편 삶을 실감 나게 체험할 수 있죠. 하지만 다시 한번 생각해 보세요. 누군가 내 생활을 매일 지켜보고 있다면 과연 좋기만 할까요?

▌ 아리랑 3호가 촬영한 인천 아시안게임 주 경기장의 모습
출처: 공공누리에 따라 한국항공우주연구원의 공공저작물 이용

지구를 찍는 몰래카메라, 첩보위성

인공위성은 지구를 돌며 통신, 기상관측, 우주탐사 등 여러 역할을 도맡습니다. 그중에서도 정찰위성, 다시 말해 첩보위성은 오늘날 가장 중요하게 여겨지는 임무를 실행하지요. 첩보위성이란 다른 나라의 정보를 알아내기 위해 몰래 사용하는 군사용 관측 위성을 말합니다.

길에서 누군가를 카메라로 몰래 찍으면 불법 촬영 혐의로 처벌받습니다.

비행기는 허락받지 않은 나라의 상공을 지나갈 수 없지요. 그러나 대기권을 넘어 우주에 떠 있는 위성은 국제법의 영향을 받지 않아요. 위성은 지구상 모든 나라의 상공을 자유롭게 지나갈 수 있습니다. 인공위성이 지구를 마음 대로 촬영해도 법적으로는 전혀 문제없습니다. 이 때문에 많은 나라가 첩보 위성을 쏘아 올리려 합니다.

위성을 발사하는 나라에서 스스로 첩보위성이라고 밝히는 경우는 흔치 않아요. 대외적으로는 대부분 농업용이나 기상관측, 재난 감시용 위성을 발 사한다고 말하죠. 위성이 촬영한 정보를 비공개하는 이상 다른 나라에서는 정확한 내용을 알 수 없습니다. 즉, 위성이 찍은 정밀 사진을 오직 농업용으 로만 사용할지, 아니면 군사 목적으로 이용할지는 확인 불가능한 것입니다.

첩보위성의 정밀함

세계 최고의 첩보위성은 미국의 KH-11, KH-12 시리즈입니다. KH라는 이름은 영어 'Key Hole', 즉 '열쇠 구멍'이라는 단어에서 따왔습니다. 그만큼 정밀하다는 뜻이죠. KH 위성은 디지털카메라처럼 지상의 물체를 촬영합니 다. 태양이 비추는 낮에는 KH-11이 사진을 찍고, 빛이 사라진 밤에는 KH-12가 **적외선 탐지 카메라**로 촬영해요. 두 위성은 24시간 동안 쉴 새 없이 지 구 전역을 감시하죠.

KH 위성의 관측 능력은 매우 정밀합니다. 해상도가 15cm인데, 이는 400km 높이의 공중에서 땅 위의 물체를 15cm 단위로 구별한다는 뜻입니 다. 400km나 떨어진 곳에서 내가 읽는 책의 제목을 알 수 있고, 달리는 차 의 번호를 확인할 수 있는 셈입니다.

미국의 국가정찰국과 국가안보국

일반적으로 미국의 우주선과 인공위성은 NASA에서 관리해요. 그러나 첩보위성은 매우 비밀스러운 두 조직이 담당합니다.

미국 국방부 산하 조직인 국가정찰국(NRO, National Reconnaissance Office)은 직접 위성을 제작하고 관리합니다. KH-11과 KH-12 위성도 국가정찰국에서 만들었죠. 키스 홀 전 국가정찰국장은 40여 년 동안 300기가 넘는 첩보위성을 우주로 발사했다고 밝히기도 했습니다.

국가정찰국에서 수집한 정보는 미국 국가안보국(NSA, National Security Agency)으로 넘어갑니다. 국가안보국도 미국 국방부에 소속된 정보수집 기관입니다. 이곳에선 미국만이 알아볼 수 있는 암호를 작성하고 관리하는 동시에 다른 나라의 암호를 분석하고 해독합니다.

국가안보국은 통신 회사에 통화나 문자가 이뤄진 날짜와 시간, 전화번호 등의 자료를 요구할 수 있어요. 다만, 통화와 문자의 내용, 기지국의 위치 등 민감한 개인정보는 제공되지 않습니다. 하지만 특정 전화번호를 테러리스트가 사용하고 있다는 타당한 의심이 들 때 테러 용의자의 통신 기록과 함께 용의자와 접촉한 모든 사람의 통신 기록을 요청할 수 있죠.

국가안보국은 2018년 테러 연관성을 조사하는 과정에서 통신 회사로부터 6억 8,500만 건 이상의 통신 기록을 받았다고 밝혀 논란이 되기도 했습니다. 국가안보국이 받을 권한도 없고 받아서도 안 되는 통화 기록까지 모두 받았기 때문입니다.

일본과 중국의 첩보위성

2018년 6월 12일 김정은 북한 국무위원장과 도널드 트럼프 미국 대통령이 싱가포르에서 정상회담을 나누던 시각, 일본 정부는 북한 미사일 감시용 첩보위성을 발사했습니다. 해당 위성은 수백km 상공에서 지상을 손바닥 들여다보듯 감시하며 정보를 수집합니다. 이로써 일본은 총 8대의 첩보위성을 보유하게 되었습니다.

이미 고성능 광학 위성과 레이더 위성 등을 이용해 지구를 하루 1회 이상 촬영 중인 일본은 위성을 추가로 발사해 총 10대의 첩보위성으로 지구 전역을 하루 2회 이상 촬영하겠다는 계획을 밝혔습니다. 일본은 2008년 북한 미사일 발사를 계기로 첩보위성 개발에 나서, 그동안 1조 3,000억 엔(우리 돈 약 12조 7,000억 원)의 비용을 위성 발사에 사용했습니다.

'우주 굴기(宇宙 崛起)'를 선언한 중국은 최근 우주개발 분야에서 미국과 러시아를 바짝 뒤쫓고 있어요. 2018년 10월 10일 중국 정부는 과학 실험, 국토자원 조사, 재해 예방에 사용될 야오간 위성 32호를 발사해 무사히 궤도에 진입시켰다고 공식 발표했습니다. 그러나 최근 중국에서 잇따라 발사하는 위성이 초고해상 카메라를 갖춘 군사 정찰용일 가능성이 제기되고 있습니다. 환경 탐측 및 기술 실험 위성이라고 밝힌 야오간 30호 위성 3대가 사실은 핵실험 정보를 탐지할 수 있는 정찰위성인 것으로 의심받고 있어요.

중국의 군사평론가 천광원(陳光文)은 중국이 한반도 동향을 철저히 파악하기 위해 정찰위성을 쏘아 올렸다고 주장했습니다. 중국 정부는 2017년 12월 발사한 요지 탐사 위성 1호와 2호의 용도가 지구의 자원을 탐지하는 용도라고 밝혔지만, 이를 두고 천광원은 군사용 첩보위성을 은폐하려는 속셈이라고 폭로했습니다.

전쟁에서 드러난 위성의 위력

1900년대 중반까지의 전쟁에서는 비행기가 목표 지점을 어림잡아 그 근처에 폭탄을 투하했습니다. 높은 하늘에서 떨어뜨리는 폭탄은 중력과 바람의 영향으로 정확도가 낮았습니다. 1950년 한반도에서 벌어진 6·25전쟁에서는 고작 목표물 근처 300m 내에 폭탄이 떨어지는 수준이었죠.

그러나 인공위성의 상용화 이후 그 양상은 확연히 달라졌습니다. 인공위성으로부터 GPS 정보를 수신해 목표물의 위치를 정확히 찾아가는 '스마트 폭탄(Smart Bomb)'이 등장했기 때문이지요. 이전까지의 재래식 폭탄은 목표

▌ 걸프전에서 미국의 공습을 받은 이라크 차량

물에 명중되기까지 여러 번의 공습이 필요했지만, 정확성을 높인 스마트 폭탄은 목표물을 한 번에 정확하게 제거했습니다. 1991년 **걸프전**에서 사용된 스마트 폭탄은 전체 폭탄의 8%에 불과했어요. 반면 2003년 이라크 전쟁에서 사용된 스마트 폭탄은 전체 폭탄의 68%로 대폭 늘어났습니다. 위성이 정확한 위치를 알려 주자 폭탄은 훨씬 강력한 위력을 발휘하게 됐습니다.

전문가 의견

사방의 벽을 건드리지 않고도 방 한가운데를 타격할 수 있으며, 원하기만 한다면 센티미터 단위까지 정확하게 명중시킬 수 있다.

– 리처드 L. 가윈 미국 외교 협회 회원, 1998년 자동 유도 폭탄에 관해 설명하며

우주군 창설에 나선 미국

〈스타워즈(Star Wars)〉는 우주를 배경으로 한 공상과학영화입니다. 영화 속에선 우주선을 타고 벌이는 전쟁이 실감 나게 펼쳐지죠. 하지만 가까운 미래에 우리가 실제로 우주전쟁을 겪을 가능성에 관해 생각해 보았나요?

도널드 트럼프 미국 대통령은 2018년 6월 18일 '우주군(Space Force)' 창설을 선언했습니다. 트럼프는 미국을 지키려면 우주에 미국이 '존재'하는 것만으로는 충분치 않다며 미국이 우주를 지배해야 한다고 주장했죠. 트럼프는 우주개발을 국가안보 문제로 규정하며 우주에서 다른 나라가 미국을 앞지르는 사태를 원치 않는다고 강조했습니다.

▌ 트럼프 대통령의 우주군 창설 계획을 발표하는 마이크 펜스 미국 부통령
출처: flickr, Archive: U.S. Secretary of Defense

트럼프는 미국 국방부에 우주군을 창설하라고 직접 지시했습니다. 우주
군이 공식 창설되면 육군, 해군, 공군, 해병대, 해안경비대에 이어 미국의 여
섯 번째 군대가 됩니다. 군대는 기본적으로 전쟁을 수행하는 단체입니다. 병
력과 무기를 이용해 다른 지역을 공격하는 훈련을 진행하지요. 한 나라에
군대가 생기면 상대국도 안전을 위해 군사적 대비를 갖출 수밖에 없습니다.
"우주도 영토, 영공, 영해처럼 전투 지역이라는 것을 인정받고 싶다"라는 트
럼프 대통령의 강경 발언에 대해 러시아, 중국 등 경쟁국은 우주에서 전쟁을
벌이겠다는 신호로 간주하기까지 합니다.

대륙간탄도미사일과 인공위성은 쌍둥이?

인공위성 발사는 세계적인 업적으로 꼽히곤 합니다. 반면 미사일 발사는 지구의 평화를 위협하는 행위로 취급받죠. 하지만 이 두 가지 일이 실은 똑같은 원리를 기반으로 한다는 사실을 알고 있나요?

2017년 7월, 북한이 대륙간탄도미사일(ICBM, Intercontinental Ballistic Missile)을 동해상으로 발사하자 한반도를 중심으로 전 세계가 얼어붙었습니다. 미국은 북한에 당장 ICBM 발사를 중지하고 핵 개발을 중단할 것을 최우선으로 요구했습니다. 어쩌면 이는 ICBM의 위력이 그만큼 대단하다는 방증이겠지요.

그러나 미국과 소련은 이미 1950년대부터 ICBM을 소유했고 이를 우주 발사체로 사용해 왔습니다. 대륙간탄도미사일과 인공위성은 기술상의 차이가 거의 없습니다. 인공위성이 우주로 나가 궤도에 안착하는 것이라면, ICBM은 우주로 발사되어 목표 지점에 도달한 후 다시 지구로 떨어질 뿐이죠. 발사체 맨 꼭대기에 인공위성을 실으면 우주 발사체가 되고 핵탄두를 실으면 대륙간탄도미사일이 됩니다. 이 때문에 우주개발은 순수한 과학 탐구보다도 군사력 증강의 구실로 이용되곤 했습니다.

┃ 미국의 ICBM인 미니트맨 3호 발사 실험

인공위성 격추 경쟁

2007년 중국은 자국의 낡은 기상위성을 탄도미사일로 격추하며 수명이
다한 위성을 폐기하는 조치에 성공했다고 밝혔습니다. 이로써 중국은 러시
아와 미국에 이어 위성 요격이 가능한 세 번째 나라가 되었습니다. 다른 나
라들은 중국의 미사일 발사에 즉각 반발했습니다. 위성 폐기를 핑계로 군사
무기인 탄도미사일의 힘을 과시했기 때문이죠.

곧바로 다음 해 2월 미국은 고장 난 정찰위성을 탄도미사일로 격추했습
니다. 명목상으로는 위성 장애가 지구에 끼칠 피해를 막기 위함이었지만 실
질적으로는 중국의 위성 격추를 그대로 따라 한 작전이었습니다. 전문가들
은 미국이 중국을 견제하기 위해 위성을 요격했다고 분석했어요. 냉전은 끝
났지만, 우주개발이라는 허울 아래 군비경쟁은 계속되고 있습니다.

미사일방어체제의 부작용

미국은 북한, 러시아, 중국 등의 미사일 발사에 대비해 미사일방어체제를 구축했습니다. 미국 본토에 날아오는 미사일을 요격하려는 목적이죠. 이에 그치지 않고 미국은 지상을 넘어 우주에서도 미사일 공격을 방어하려는 연구를 진행 중입니다.

인공위성은 무선통신을 이용해 지상과 신호를 주고받습니다. 전파방해 장비를 통해 인공위성과의 무선통신을 교란하면 인공위성에 내려진 무기 발사 명령을 취소할 수 있어요. 더불어 현재는 지상에서만 발사 가능한 대륙간 탄도미사일을 인공위성에 장착해 우주에서 우주로, 혹은 우주에서 지구로 쏘는 방안도 연구하고 있습니다. 강한 레이저를 이용해 상대국의 인공위성 시스템을 무력화하는 방책도 개발 중이에요. 사진을 촬영하는 인공위성에 태양광보다도 훨씬 밝은 레이저를 쏘아 방해하는 원리입니다.

가장 큰 문제는 미국이 미사일방어체제를 구축하면 경쟁국도 가만히 있지 않는다는 점입니다. 어렵게 쏘아 올린 인공위성이 고장 나고 파괴당하는 모습을 무기력하게 바라만 볼 나라는 없지요. 각국은 어쩔 수 없이 미국에 대응할 무기 체계를 갖추려고 노력할 수밖에 없습니다. 이처럼 우주상에서의 무력 강화는 평화를 깨뜨리고 군사적 긴장만을 높이는 결과를 초래합니다.

전문가 의견

하늘과 우주 공간에 국경선이란 없다. 오로지 힘만이 평화를 보호할 수 있다. 군사 경쟁은 항공 영역을 벗어나 우주로까지 확대되고 있다. 이는 역사적 필연이며 발전 추세를 되돌릴 수도 없다.

— 쉬치량 중국 공군 사령관, 2009년 11월

4장 투자일까, 낭비일까?

미지의

공간인 우주에 진출하려는 인류의 노력은 지금도 한창입니다. 무궁무진한 가능성을 지닌 우주에 나가려면 첨단기술이 필요하고 기술 연구에 그만큼 투자해야 하지요. 하지만 막대한 투자 비용에 비해 실질적 성과가 적다고 비판하며 우주개발을 반대하는 사람들도 있어요. 천문학적 비용을 우주 공간에 허비하는 대신 지구상의 모순과 고통을 해결하기 위해 사용해야 한다는 의견도 존재합니다. 과연 인류는 얼마만큼의 금액을 어떤 방식으로 우주에 투자하고 있을까요?

세계 각국의 우주산업 투자 현황

우주개발에서 가장 앞선 나라는 미국입니다. 러시아와 중국이 그 뒤를 추격하고 있지만 아직은 현격한 격차를 보이죠. 2016년 기준 미국의 한 해 우주개발 예산은 393억 달러로 우리 돈 약 44조 5천억 원에 달하는 금액입니다. 이는 대한민국의 2019년 한 해 총예산인 470조의 약 10%에 이를 만큼 막대한 액수입니다.

러시아는 소련 시절의 명성이 다소 빛바래긴 했지만, 우주기술에 관해선 여전히 세계 최고 수준입니다. 러시아는 우주 발사체 분야에서 독보적 우위를 차지하고 있어요. 러시아 정부는 우주개발 계획의 단계적 실현을 위해 2030년까지의 우주 전략을 수립했습니다. 이 전략에 따라 한 해 최대 2천억 루블, 우리 돈 약 7조 5천억 원의 거금을 쏟아부을 방침입니다.

미국과 러시아의 뒤를 이어 많은 나라가 우주개발에 뛰어들었어요. 일본은 1970년 인공위성 '오오스미'를 발사해 미국, 소련, 프랑스에 이어 네 번째 위성 보유국이 되었습니다. 특히 군사용 첩보위성을 다수 보유하고 있지요.

유럽도 1975년 유럽우주국을 세우며 본격적으로 우주 진출에 박차를 가했습니다. 특히 유럽은 위성뿐 아니라 발사체 연구에도 큰 관심을 기울여 현재 여러 기의 상용 발사체를 보유하고 있어요. 유럽우주국에는 19개국이 참여하고 있으며 70억 유로(우리 돈 약 9조 원)를 투자한 **'갈릴레오 프로젝트'**를 추진 중입니다.

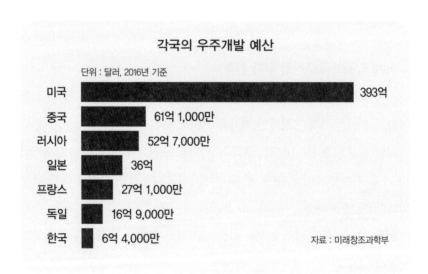

각국의 우주개발 예산

단위 : 달러, 2016년 기준

국가	예산
미국	393억
중국	61억 1,000만
러시아	52억 7,000만
일본	36억
프랑스	27억 1,000만
독일	16억 9,000만
한국	6억 4,000만

자료 : 미래창조과학부

중국은 소련의 도움을 받아 1960년대부터 우주개발을 시작해 1970년 세계에서 다섯 번째로 인공위성을 발사했습니다. 또한 베네수엘라, 나이지리아와 같은 제3국에 위성을 수출하며 우주기술 시장에도 본격 진출했어요. 2016년 기준 우주를 날고 있는 중국의 인공위성은 181개에 달합니다.

세계에서 7번째로 위성 발사에 성공한 인도 또한 우주산업 신흥강국입니다. 이스라엘은 주변국인 이라크, 이란, 시리아를 감시할 목적으로 인공위성 개발에 뛰어들었습니다.

5,000만 원짜리 우주 생수

'천문학적'이라고 일컫는 우주개발 비용이 대체 어느 정도인지 구체적으로 살펴봅시다. 우주선을 발사해 우주정거장까지 1L 생수 한 병을 보내는 비용은 약 5,000~7,000만 원 정도입니다. 그래서 우주정거장에서 생활하는 우주인들은 물을 매우 아껴 쓰지요. 물에 적신 수건이나 스펀지로 머리를 감고 샤워한다고 해요.

무중력 공간에서 화장실의 모습은 매우 별납니다. 우주정거장에 화장실을 설치하는 비용은 약 2,800억 원에 달해요. 물이 부족한 우주에서 소변을 정수해 식수로 사용하는 특수한 구조임을 고려해도 어마어마한 금액이죠.

이 밖에도 우주 식단의 한 끼 가격은 약 50만 원, 중국의 우주복 한 벌 가격은 약 44억 원입니다. 우주인 한 명을 훈련시키는 비용은 약 200억 원이며 우주정거장을 건설하는 데에는 165조 원가량의 예산이 필요할 것으로 추산합니다. 우주 공간에서 우주인의 건강과 안전을 보장하려면 최첨단 장비를 사용해야 하므로 천문학적 비용을 감수하는 수밖엔 없습니다.

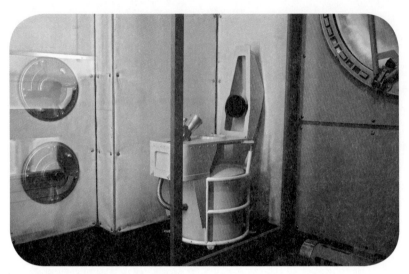

▌ 러시아의 우주정거장 미르에 설치된 변기

중복투자 문제

여러 선진국은 여전히 우주개발에 열을 올리고 있어요. 저마다 인공위성을 쏘아 올리고 탐사선과 로켓을 개발하며 큰 비용을 들이지요. 문제는 서로 기술을 공유하지 않는다는 점입니다.

첩보위성과 대륙간탄도미사일 등 군사 분야와 긴밀히 연관된 우주개발은 대부분 국가에서 극비로 진행합니다. 다른 나라에서는 미사일이 발사되고 난 뒤에야 비로소 첨단 우주기술의 개발 사실을 알게 되는 경우가 많지요.

민간기업이 추진하는 우주 사업의 경우에도 크게 다르지 않습니다. 각 회사는 상업적 이득을 독점하기 위해 다른 회사와 기술 제휴를 맺지 않고 비밀리에 우주개발을 추진합니다. 기술을 공유하지 않기 때문에 당연히 시간과 인력, 투자 비용에서 낭비가 발생할 수밖에 없습니다.

사례탐구 우주기술을 지켜낸 캐나다

2008년 미국의 방위산업체 ATK사는 캐나다 위성 업체 맥도널드 데트월러(MacDonald Dettwiler and Associates, 이하 MDA)사의 위성기술 부문을 인수하겠다고 밝혔어요. MDA사는 캐나다의 첨단 위성 레이더샛 2호를 발사한 회사입니다. 미국의 우주왕복선과 우주정거장에 장착된 로봇 팔 **'캐나다암**(Canadarm)', 미래의 우주 일꾼으로 주목받는 두 팔 로봇 '덱스터(Dextre)'도 MDA사의 제품이에요. 만일 MDA사가 인수된다면 캐나다 정부가 수십 년 동안 투자한 항공 기술 전체가 고스란히 미국에 넘어가는 형국이었습니다. 자국의 핵심 우주기술이 이전될 위기에 처하자 캐나다 국민들 사이에 거센 반대 여론이 일었습니다. 이에 짐 프렌티스 캐나다 상공부 장관은 "국익에 도움이 되지 않는다"며 MDA사의 매각을 금지했어요. MDA사의 첨단 위성과 수집 정보, 우주 로봇 기술이 통째로 미국에 넘어갈 위기를 캐나다 국민들이 막아낸 셈입니다.

▌ 국제우주정거장에 설치된 캐나다암2, 출처: flickr, Rawpixel Ltd.

인물탐구 최초의 한국 우주인, 이소연

최초의 한국 우주인 이소연
출처: 위키미디어 공용

이소연 씨는 2008년 4월 우주에 진출한 첫 번째 한국인입니다. 그녀는 카이스트 박사과정 재학 중 한국 우주인 배출 사업에서 3만 6,000 대 1의 경쟁률을 뚫고 우주인으로 선발되었습니다. 러시아의 소유스 우주선을 타고 떠난 이소연 씨는 국제우주정거장에서 열흘간 머물며 18가지의 우주과학 실험을 수행했지요. 최초의 한국 우주인 이소연 씨는 국민의 기대를 한 몸에 받으며 무사히 지구로 돌아왔어요.

그러나 지난 2014년, 우주인 선발 사업에 세찬 비난이 쏟아졌습니다. 260억 원을 투자한 사업에서 선발된 이소연 씨가 돌연 항공우주연구원을 퇴사하고 미국으로 떠났기 때문입니다. 혈세로 값비싼 우주여행만 하고 돌아왔다는 비판이 이어지면서 당사자인 이소연 씨도 매우 괴로워했습니다.

하지만 한국 우주인 배출 사업은 애초부터 마땅한 후속 계획 없이 만든 일회성 사업이었습니다. 이소연 씨가 우주에 다녀온 뒤에도 관련 정부 부처는 뾰족한 정책을 내놓지 않았고 차기 우주인도 양성하지 않았습니다. 이러한 환경 속에서 이소연 씨는 4년간 523회의 대외 홍보와 30여 건의 논문 발표 등 선임 연구원의 역할을 상당 부분 수행한 후 미국으로 떠났습니다.

한국인이 언제쯤 다시 우주에 갈 수 있을까요? 정권과 담당 부처가 수차례 바뀌면서 제2의 우주인 계획은 여태까지도 미비합니다. 첫 번째 우주인 이소연 씨를 둘러싼 논란으로 사업 추진에 어려움이 있고, 우주선 탑승 비용도 400억 원까지 치솟은 상황입니다. 게다가 국제우주정거장 프로젝트에 참여하는 16개국(미국, 러시아, 프랑스, 독일, 일본, 이탈리아, 영국, 벨기에, 덴마크, 스웨덴, 스페인, 노르웨이, 네덜란드, 스위스, 캐나다, 브라질)을 제외한 나라의 우주인 탑승은 현재 중단된 상태입니다. 지금으로서는 가까운 미래에 또 다른 한국 우주인을 만나기 어려울 전망입니다.

예산 문제로 중단된 유인 달 탐사

NASA는 1972년까지 모두 12명의 인류를 달에 보냈지만, 이후에는 40년 넘게 감감무소식이었습니다. 소련은 애초부터 달에 사람을 보내지 않았어요. 왜 미국과 소련은 달 탐사 경쟁을 중단했을까요? 그 이유는 과도한 비용 때문입니다.

인류를 달에 착륙시킨 '아폴로 프로젝트'의 비용은 약 1,700억 달러, 우리 돈 192조 원에 달합니다. 달 탐사에는 막대한 예산이 들지만 당장 경제적 이득이나 일상생활과 직결된 성과가 없습니다. 너무 많은 세금이 우주 예산으로 지출되자 미국 국민은 우주개발보다는 교육과 복지 등 실생활과 밀접한 부문에 세금이 쓰이길 원했습니다. 결국, 미국의 유인 달 탐사는 1972년 12월 11일을 마지막으로 중단되었어요. 소련 역시 유인 달 탐사 대신 기계를 보내는 무인 달 탐사를 진행해 왔습니다.

우주 진출에 반대한다

미국 트럼프 대통령은 45년간 중단되었던 유인 달 탐사를 재개하려 합니다. 트럼프는 2017년 12월 11일 화성 탐사를 목표로 유인 달 탐사를 재개하는 행정 지침에 서명하며 "달 유인 탐사 재개는 화성 탐사, 그리고 언젠가 그 너머의 넓은 세상으로 나아가는 궁극적 임무를 위한 토대를 마련할 것"이라고 밝혔습니다. 반년 후에는 앞서 언급한 우주군 창설 계획까지 밝혔죠.

그러나 이에 대한 미국 내 여론은 좋지 않습니다. 역시 예산 문제 때문이죠. 미국 내에서 우주 관련 자산을 다루는 정부 기관은 이미 60여 개나 됩니다. 유인 달 탐사를 재개하고 우주군을 창설하기 위해 더 많은 기관과 예산이 필요한 건 불 보듯 뻔한 일입니다. 트럼프는 반대 여론을 뒤집겠다고 단언했지만, 아직 긍정적인 기미는 나타나지 않고 있습니다.

미국인들이 우주개발에 반대한 일은 이번이 처음은 아닙니다. 2004년 조지 부시 대통령 시절 여론조사 결과, 달과 화성에 유인우주선을 보내겠다는 계획에 단 9%의 국민만이 찬성했습니다. 61%는 우주탐사 계획에 반대 의사를 표명했어요. 우주탐사에 반대하는 사람들은 교육과 환경, 국방 영역에 예산을 더 투입해야 한다고 답했습니다.

버락 오바마 전 미국 대통령도 달에 유인우주선을 보내는 프로젝트를 진행했지만, 국가 재정이 악화하자 유인 달 탐사 관련 예산을 이내 삭감했습니다. 당시 미국은 이미 90억 달러(약 10조 원)를 투자한 상황이었지만 의료, 교육, 복지 부문이 더 중요하다고 판단해 달 탐사 계획을 2020년에서 2030년으로 늦췄습니다. 달 탐사 예산이 중단되자 과학계는 즉시 반발했으며, 그간 투자한 예산이 낭비였다는 비난 또한 피할 수 없었습니다.

우주냐, 지구냐

우주개발에 드는 막대한 비용이 인류에게 실질적으로 선사하는 이익은 크지 않습니다. NASA의 스핀오프는 기술 개발 과정에서 파생되어 나온 성과일 뿐입니다. 어쩌면 우주기술이 아니어도 운동화 안창이나 메모리폼은 만들 수 있었을지 모릅니다. 과연 우주개발은 인류가 시급히 달성해야 할 가치를 품고 있을까요?

지구상에는 지금 당장 해결해야 할 문제가 많습니다. 전쟁과 기아, 물 부족과 지구온난화 등으로 인해 병들고 사라지는 생명이 도움의 손길을 기다리고 있지요. 유엔의 '2017 세계 식량안보 및 영양 상태' 보고서에 따르면, 굶주림에 시달리는 전 세계 기아 인구는 전체 인구의 11%인 약 8억 명입니다. 만약 미국이 달 탐사에 투자한 1,700억 달러를 기아 문제 해결에 지원했다면 어땠을까요?

오늘날 환경 문제의 최대 화두인 지구온난화를 멈추기 위한 투자도 부족합니다. 많은 기업은 비용 문제를 이유로 환경오염 방지 장치를 사용하지 않아요. 몰래 폐수를 방류하고 대기오염 물질을 거르지 않은 채 매연을 내뿜습니다. 각국 정부가 환경오염 방지 예산을 증액하고 기업에 적절한 보전 비용을 지원한다면 지구온난화의 진행을 막을 수도 있습니다.

우주개발 반대론자들은 불확실함으로 가득 찬 우주보다 눈앞의 현실을 먼저 개선하길 촉구합니다. 우주개발 비용을 아껴 지구 공동체를 위해 사용해야 한다는 것이지요.

▋ 기후변화와 지역분쟁으로 세계 기아 인구가 꾸준히 증가하고 있다.

간추려 보기

- 세계 각국은 우주개발에 천문학적 비용을 투자하고 있다. 미국의 2016년 한 해 우주 예산은 44조 5천억 원에 육박했다.
- 우주 공간에서는 안전을 위해 값비싼 최첨단 장비를 사용해야 한다.
- 우주개발을 진행하는 국가 간, 기업 간 중복투자 문제가 대두한다.
- 우주개발보다 의료, 복지, 교육 등 실생활에 밀접한 부문과 기아, 기후변화 등 지구상의 문제 해결에 예산을 투입해야 한다는 목소리가 높아진다.

5장 상품명: 우주

미국과

소련 간의 냉전이 한창이던 시기, 우주개발은 국가가 주도하는 정책이었습니다. 군사 전략과 맞닿은 영역이었기에 철저히 기밀 사항으로 진행되었지요.

하지만 시대가 흐르면서 우주산업 시장이 성장하고 우주개발의 주체가 민간기업으로 서서히 바뀌어 갑니다. 인공위성이 촬영한 고해상도 사진이 높은 가격으로 판매되고, 일반인도 비용만 내면 우주여행을 떠날 수 있죠. 멀게만 느껴지던 우주가 점차 현실적인 사업 공간으로 변해 갑니다.

실제로 많은 기업이 적극적으로 우주개발에 투자합니다. 테슬라(Tesla)의 대표 일론 머스크는 화성 이주 계획을 진행 중이며, **아마존**(Amazon)의 CEO 제프 베이조스는 달 기지 건설을 추진하고 있어요. 영리를 추구하는 기업들의 우주개발은 어떤 모습으로 나아가고 있을까요?

재활용 우주선, 스페이스X

미국 민간 우주탐사 기업 '스페이스X(SpaceX)'의 창립자인 일론 머스크는 신기 자동차 제조업체 테슬라의 대표로도 유명합니다. 머스크는 미래 인류가 살아갈 터전은 화성이라며 2024년까지 화성에 사람을 보내는 계획을 세웠습니다. 특히 우주선 발사에 드는 비용을 절감하고자 로켓 추진체를 재사용하는 발상은 획기적이라고 평가받지요.

2018년 2월 6일, 스페이스X의 로켓 '**팰컨 헤비**(Falcon Heavy)'가 우주를 향해 날아올랐습니다. 팰컨 헤비에는 우주인 마네킹 '스타맨(Starman)'이 탑승한 전기 자동차 '로드스터(Roadster)'가 실려 있었습니다. 로드스터에 설치된 세 대의 카메라를 통해 우주 공간의 모습이 실시간으로 생중계되기도 했어요.

팰컨 헤비 발사 후 2분 33초 만에 3기의 추진체가 성공적으로 분리되었고 이 가운데 2기는 이륙 7분 58초 뒤 안전하게 회수되었습니다. 로켓을 재사용하여 우주선 발사 비용을 낮추는 스페이스X의 계획이 성공한 것입니다. 스페이스X가 발표한 바에 따르면 팰컨 헤비 로켓은 보잉747 제트 여객기 18대와 맞먹는 추진력으로 지구 저궤도까지는 63t, 화성까지는 18t의 짐을 실어 나를 수 있습니다.

▌ 스타맨의 시점에서 바라본 지구의 실제 모습. 로드스터의 전면 조작부에는
'당황하지 매(DON'T PANIC!)'라는 문구가 적혀 있다. 출처: flickr, James McCloskey

인물탐구 영화 〈아이언맨〉의 모델, 일론 머스크

〈아이언맨〉은 실제 인물 일론 머스크를 모델로 만들어진 영화입니다. 영화 속 엉뚱하지만 도전 정신이 뛰어난 주인공 '토니 스타크'와 일론 머스크는 닮은 점이 많아요. 토니 스타크는 남들이 생각하지 못한 혁신적인 아이디어를 현실로 옮겨 놓습니다. 머스크 또한 너무 비현실적이라는 세간의 비난에도 자신의 아이디어에 과감하게 투자하여 성공을 일구어 낸 기업인이지요.

▌ 일론 머스크(Elon Reeve Musk)

머스크는 전기 자동차 시장을 넓히기 위해 관련 특허를 모두 무료로 공개하여 전기 자동차의 대중화에 앞장섰어요. 화성 이주 계획에 사용할 우주선의 가격이 너무 비싸지자 직접 우주선을 만들기도 했습니다. NASA에서 생산한 우주선에 비해 머스크가 만든 재활용 우주선의 개발비는 10분의 1 수준까지 저렴합니다.

현재 머스크는 초고속 진공 열차 '하이퍼루프(Hyperloop)'를 연구하고 있어요. 진공 원리를 이용한 하이퍼루프 열차를 타면 서울에서 부산까지 16분 만에 이동할 수 있습니다. 아무도 도전하지 못한 일에 뛰어드는 일론 머스크는 어쩌면 아이언맨보다 더 영화 같은 삶을 살아가고 있는지도 모릅니다.

민간인 우주여행, 블루 오리진

세계적 온라인 쇼핑몰 아마존의 CEO 제프 베이조스는 민간인 우주여행과 달 기지 건설을 목표로 '블루 오리진(Blue Origin)'이라는 회사를 설립했어요. 블루 오리진의 '뉴 셰퍼드(New Shepard)' 로켓은 지구 상공 100km까지 올라간 뒤 다시 지상에 착륙하는 저궤도 우주 비행에 성공했습니다. 뉴 셰퍼드는 민간인에게 무중력 우주 공간 체험을 제공하기 위해 제작한 캡슐형 로켓입니다. 베이조스는 2019년부터 우주 체험 서비스를 판매한다고 밝혔어요. 약 11분간 진행될 우주 체험의 가격은 1인당 3억 원 선으로 매우 비싼 편이지만, 대기자만 벌써 700명에 이를 정도로 주목받고 있습니다.

▌ 지구를 향해 재진입하는 캡슐형 우주선 상상도

인물탐구 최초로 민간 우주 관광에 나선 데니스 티토

❚ 소유스호에 탑승한 데니스 티토(Dennis Anthony Tito, 사진 맨 왼쪽), 출처: 위키미디어 공용

데니스 티토는 세계 최초로 자비를 들여 우주를 여행한 인물입니다. 티토는 러시아 우주항공청에서 우주 체류 훈련을 받은 후 소유스호에 탑승해 2001년 4월 28일 국제우주정거장을 방문했습니다. 티토는 7일 22시간 4분 동안 우주에 머물며 지구를 128바퀴 돈 뒤 귀환했어요.

우주에서 돌아온 티토는 "어릴 적 꿈을 이뤘다"라며 천국에 다녀온 기분이라고 기쁨을 표했습니다. 그가 우주여행에 지급한 비용은 약 2천만 달러, 우리 돈 222억 원가량으로 알려져 있어요. 지금까지 전 세계에서 자비를 들여 우주 관광에 나선 민간인은 티토를 포함해 총 7명입니다.

다시금 달을 향해

달 표면 아래 물이 존재한다는 연구 결과가 발표되며 달 탐사에 다시 한 번 관심이 쏠렸습니다. NASA는 달에 위성을 충돌시켜 분화구를 탐사하는 실험을 진행했습니다. 충돌로 발생한 달 파편을 관찰한 결과, 올림픽 규격 수영장을 1500개나 채울 수 있는 38억L의 물이 얼음 형태로 달의 표층 안에 존재함을 확인했어요. 나아가 실리콘, 철, 알루미늄, 마그네슘, 티타늄 등 경제 가치가 높은 지하자원도 다량 묻혀 있는 것을 알아냈지요. 지구에서는 거의 찾아볼 수 없는 핵융합 원료 기체 **헬륨3**도 발견했습니다.

달에 물이 존재한다는 사실이 드러나자 달 기지를 건설하려는 사람들이 등장했어요. 제프 베이조스는 달에 인간이 살 수 있는 마을을 짓고 중공업 공장을 달로 이전해 지구의 환경오염을 줄이겠다는 계획을 발표했습니다. 인도와 중국도 달 표면 탐사에 속도를 내고 있어요. 밤하늘의 신비로운 존재로만 여겨져 왔던 달에도 머잖아 개발 열풍이 불 예정입니다.

▌ 달 탐사 로봇 상상도

달 자원, 누가 먼저 주울까

'문 익스프레스(Moon Express)'는 미국 정부로부터 민간 최초로 달 탐사 프로젝트를 승인받은 기업입니다. 문 익스프레스는 소형 달 착륙선을 만들어 달에서 자원을 채취하고자 합니다. 현재 NASA 산하 **케네디 우주 센터**에서 달 착륙에 필요한 테스트를 진행 중이에요.

달에서는 색다른 방식으로 자원을 채취합니다. 달에서 고도가 가장 높은 산지에는 지난 40억 년 동안 수백만 개의 별똥별이 떨어졌습니다. 그 탓에 산지 주변의 달 표면은 조각조각 깨져 있는 상태예요. 달 탐사선은 이곳에 착륙해 조각난 지하자원 파편을 줍기만 하면 됩니다. 채굴이라기보다는 수집이나 채집에 가까운 방식이지요. 문 익스프레스의 뒤를 이어 이스라엘의 스페이스IL, 인도의 인더스, 일본의 하쿠토 등의 기업들도 달 광물 채취에 도전합니다.

세계 우주 주간

매년 10월 4일부터 10일까지는 세계 우주 주간입니다. 1999년 유엔이 우주개발 역사에서 두 가지 중대한 사건을 기념하는 의미로 제정했지요. 1957년 10월 4일은 러시아가 최초의 인공위성 스푸트니크 1호를 발사한 날이고 1967년 10월 10일은 우주 평화를 위한 최초의 국제조약인 우주 천체 조약이 발효된 날입니다. 세계 우주 주간의 주요 목표는 우주가 인간에게 주는 이점을 알리고, 우주개발을 위한 공공의 관심과 원조를 끌어내며, 전 세계 우주 관련 기관의 활동을 독려하는 것입니다. 유엔은 우주에 관해 매년 새로운 주제로 전 세계 55개국에서 기념행사를 개최합니다.

간추려 보기

- 우주산업 시장이 성장하면서 민간기업도 우주탐사에 적극적으로 나서고 있다.
- 스페이스X는 로켓 발사체를 재활용하는 방식으로 비용을 크게 절감했다.
- 블루 오리진은 2019년부터 11분짜리 우주 체험 상품을 판매할 예정이다.
- 달에서 물과 자원을 채취하기 위한 달 탐사 경쟁에 불이 붙었다.

6장 우주 불평등

우주개발 은 미국, 러시아, 중국, 인도, 유럽, 일본 등 몇몇 선진국이 이끌어 갑니다. 아프리카와

남아메리카 지역을 비롯한 제3세계에는 우주 진출을 시도조차 하지 못한 나라가 많아요. 로켓 추진체를 만들지 못하도록 제한받는 국가도 있습니다. 소수의 국가만이 주도하는 우주개발은 과연 문제없는 것일까요? 조금만 뜯어보면 지구상의 불평등이 우주까지 옮아간 상황을 어렵지 않게 찾아볼 수 있습니다.

선진국이 장악하는 우주

세계 주요국들은 저마다 다른 계획과 전략으로 우주개발 경쟁을 펼칩니다. 미국은 정부와 민간이 동시에 우주개발을 추진하면서 달, 화성, 소행성까지 다방면으로 탐사를 진행합니다.

러시아는 우주산업 시장에서 점유율을 높이고자 합니다. 블라디미르 푸틴 대통령은 러시아의 세계 우주 시장 점유율을 2011년 10.7%에서 2020년 16%까지 확대하겠냐는 의지를 표명했어요.

중국은 2020년까지 우주정거장 텐궁 3호의 완공을 목표로 잡았습니다.

16개국이 공동 운영 중인 기존의 국제우주정거장이 2024년 운용을 종료하면, 중국이 우주정거장을 운용하는 유일한 국가가 됩니다.

인도는 로켓 한 대에 무려 104개의 인공위성을 담아 쏘아 올리는 데 성공히여 세계 신기록을 세웠습니다. 이 로켓은 2017년 인도우주연구기구(Indian Space Research Organisation, ISRO)가 자체 개발한 것이지요. 이로써 인도는 우주개발의 새로운 강국으로 등장했습니다.

정지궤도 쟁탈전

정지궤도란 인공위성의 공전과 지구의 자전이 방향과 속도 모두 일치하는 경우를 가리킵니다. 지구에서 바라보면 마치 위성이 멈춰 있는 듯해 정지궤도라는 이름이 붙었지요. 정지궤도가 주목받는 이유는 경제적 이점 때문

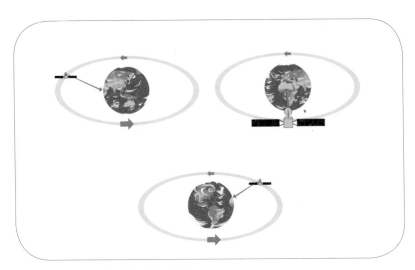

▌ 늘 그 자리를 지키는 듯한 정지궤도의 위성

이에요. 정지궤도에 단 한 기의 인공위성만 올려도 지구 표면 3분의 1에 달하는 지역에 위성 서비스를 제공할 수 있습니다. 정지궤도에 3기의 인공위성을 배치하면 전 세계를 망라하는 셈이지요.

정지궤도를 차지하려는 각 나라의 경쟁은 매우 치열합니다. 정지궤도는 오직 적도 위의 평면 궤도로만 한정되기 때문에 전 세계 모든 위성이 이곳으로 몰립니다. 정지궤도의 위성들이 서로 지나치게 가까워지면 전파간섭을 일으켜요. 따라서 궤도에 오를 수 있는 위성의 숫자는 제한됩니다. 정지궤도가 이미 포화 상태라 새로운 위성을 쏘아 올리기도 쉽지 않아요. 이렇듯 정지궤도는 우주 영토 분쟁을 함축한 대표적인 사례입니다.

알아 두기

보고타 선언

1976년 12월 3일 콜롬비아 보고타에서 콜롬비아, 콩고, 에콰도르, 인도네시아, 케냐, 우간다, 자이르, 브라질 등 적도 위에 위치한 8개국이 자국의 상공에 대한 권리를 선언했어요. 이들 국가는 정지궤도를 한정된 천연자원으로 보고, 한 나라의 상공에 위성을 쏘아 올리려면 해당 국가의 동의를 얻으라고 주장했지요. 주요 우주활동 국가들은 보고타 선언에 강력히 반발했어요. 특히 미국은 우주 공간의 자유 이용 원칙을 내세워 정지궤도의 제한 없는 사용을 역설했습니다. 현재까지는 정지궤도를 인류 공동의 유산으로 여기고 우주 공간에 대한 관할권을 인정하지 않는 견해가 우세합니다. 결국 보고타 선언은 그 효력을 발휘하지 못하는 상황입니다.

우주 제국주의

현재로선 우주 공간에 먼저 도달하는 사람이 해당 영역에 대한 권리를 주장해도 제지할 방법이 마땅치 않습니다. 일각에서는 오늘날 우주개발의 양상이 19세기 아시아와 아프리카, 아메리카 대륙을 찾아 정복한 유럽 제국들의 모습을 닮았다고 비판합니다. 물론 태양계 행성에는 사람이 살지 않아요. 그러나 인류가 달과 화성 진출을 앞둔 상황에서 제국주의의 재림을 염려하는 것을 마냥 기우로만 치부할 순 없습니다.

달 자원 채취에 나선 국가와 기업은 이미 여럿입니다. 지금의 제도로는 달에 먼저 도착해 천연 광물을 선점하는 행위를 방지하지 못해요. 먼저 도착한 나라는 달의 자원을 독점해 이윤을 극대화하는 반면, 우주 진출에 뒤처진 국가는 어떠한 수확도 할 수 없는 형편입니다. 우주개발은 최첨단 기술을 이용해야 하므로 소위 '잘사는 나라'만의 전유물입니다. 국가 간 빈부격차가 지구를 넘어 우주까지 번져 가는 것이지요.

▌ 우주개발이 국가 간 빈익빈 부익부를 심화할 것이라는 우려가 터져 나온다.

집중탐구 제국주의(帝國主義)

제국주의란 자국의 이익을 위해 군사력과 경제력으로 다른 나라나 민족을 정벌하여 식민지로 삼는 국가정책을 일컫습니다. 19세기 후반 과학기술의 발달과 산업혁명의 영향으로 자본주의가 크게 성장했어요. 기업은 새로운 상품 판매처가 필요했고 은행은 자본을 투자할 곳을 찾아야 했습니다. 그 해결책이 바로 식민지였습니다. 제국주의 국가들은 무력을 앞세워 다른 나라를 침략해 식민지로 삼았습니다. 식민지의 자원과 노동력을 착취하고 본국에 남아도는 상품을 식민지의 시장을 통해 처분했지요. 제국주의는 자본주의가 만들어낸 힘의 정치라고도 할 수 있습니다.

산업혁명에 성공한 유럽 열강은 아프리카를 식민지로 삼았습니다. 라이베리아를 제외한 아프리카 전 지역이 유럽의 지배를 받았어요. 유럽인들은 식민지의 금, 다이아몬드, 구리와 같은 천연 광물과 커피, 차, 고무 등의 수익 작물을 닥치는 대로 수탈했어요. 심지어 수많은 아프리카인이 노예로 팔려가기까지 했습니다. 제국주의를 비판하는 사람들은 오늘날 미국과 유럽의 부가 제국주의 시대에 자행한 착취와 수탈에서 기인한다고 꼬집습니다.

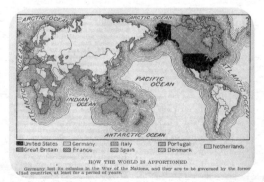

▌ 1920년 전 세계
식민지 지도
출처: flickr, Eric Fischer

같은 미사일, 다른 반응

북한은 2017년 11월 대륙간탄도미사일 화성 15호 발사 실험을 강행했습니다. 대륙간탄도미사일은 북한의 체제 과시 수단이었고, 이는 곧 국제사회의 대북 제재로 이어졌지요. 그동안 북한이 미사일을 발사하면 국제사회는 제재와 압박을 가했습니다. 북한으로의 석유 수출을 제한하고 북한 상품의 수입을 금지했어요. 해외에 파견된 모든 북한 노동자들을 2년 내로 귀환시키는 결정까지 내리기도 했습니다. 2018년 북·미 정상회담에서 북한이 **비핵화**를 약속했지만, 아직 국제사회는 북한에 냉담하게 반응할 뿐입니다.

이에 비해 인도의 대륙간탄도미사일을 바라보는 시각은 우호적입니다. 인도는 중국과 국경 분쟁이 발생하자 보란 듯 미사일을 발사했습니다. 전 중국 영토를 사정거리 내에 두었음을 시사했지요. 북한과 비슷한 시기에 발사한 미사일이었지만 인도는 어떠한 제재도 받지 않았습니다. 인도가 베이징까지 당도할 수 있는 대륙간탄도미사일을 내놓자 중국은 발끈했습니다. 하지만 인도는 중국 역시 인도를 위협하는 미사일을 보유했다며 맞받아쳤어요.

같은 대륙간탄도미사일임에도 북한과 인도를 향한 시각의 차이는 무엇 때문일까요? 대륙간탄도미사일을 보유해도 되는 기준이라도 있는 것일까요?

알아 두기

북한은 대륙간탄도미사일을 보유한 여섯 번째 국가입니다. 북한 외에 미국, 러시아, 중국, 인도, 이스라엘이 대륙간탄도미사일 보유국으로 인정받습니다.

사례탐구 대한민국 최초의 우주 발사체, 나로호

▌ 나로호 발사 순간, 출처: 공공누리에 따라
한국항공우주연구원의 공공저작물 이용

1998년 북한의 로켓 발사체 대포동 1호에 충격받은 우리나라는 로켓 기술 개발에 박차를 가했습니다. 100kg급 중량에 지구 저궤도 진입이 가능한 발사체를 목표로 2003년부터 개발에 착수했어요. 2단으로 이루어진 나로호의 1단 로켓은 러시아가 개발했고 상단 로켓은 국내 기술로 만들었습니다.

2009년 전라남도 고흥의 나로 우주 센터에서 나로호의 첫 번째 발사를 시도했습니다. 그러나 발사 후 페어링이 제대로 분리되지 않아 균형을 잃은 채 빙글빙글 돌다 목표 궤도에 오르지 못했지요. 1년 후 두 번째 시도에서도 나로호는 발사 137초 만에 공중폭발하고 말았습니다. 계속된 연구와 개량 끝에 마침내 2013년 1월 30일 나로호는 성공적으로 날아올랐습니다. 발사 후 540초 만에 나로호에서 분리된 나로 과학 위성은 무사히 목표 궤도에 도착했어요.

독자 우주기술이 부족한 우리나라는 나로 우주 센터 건설에서부터 나로호 발사 성공까지 러시아와 함께 연구를 진행했습니다. 러시아 기술진에게 많은 도움을 받기도 했지만, 러시아 측에서 세부 기술을 공개하지 않아 실패 원인을 찾지 못해 답답한 순간도 있었습니다.

수차례의 좌절을 딛고 나로호 발사에 성공한 우리나라는 열한 번째 '스페이스 클럽(Space Club)' 국가가 되었습니다. 스페이스 클럽은 '자체 제작한 인공위성을 자국 영토에서 자국 로켓으로 우주에 쏘아 올린 국가'를 가리킵니다.

발목 잡힌 한국의 우주개발

휴전 상태인 우리나라에는 한미 미사일 지침이 있습니다. 1979년 미국과 합의한 외교 서한으로 우리나라가 미사일과 우주선을 독자적으로 개발하지 못하게 규정했어요. 초기의 한미 미사일 지침에 따라 우리나라는 사거리 180km 이상의 미사일을 개발하거나 보유할 수 없었습니다. 당연히 우주까지 쏘아 올릴 인공위성 개발도 불가능했죠. 1997년과 2012년 두 번의 개정을 거쳐 사거리 800km, 탄두 중량 500kg을 초과하지 않는 고체로켓까지는 개발할 수 있게 되었어요.

그리고 2017년 문재인 대통령과 미국 트럼프 대통령은 대한민국의 미사일 탄두 중량 제한을 완전히 해제하는 새로운 미사일 지침을 채택하였습니다. 이에 따라 우리나라는 탄두 중량 제한에서 벗어나 비교적 자유롭게 우주발사체를 연구할 수 있습니다. 다만 사정거리 800km 제한이 유지된 것은 다소 아쉬운 점으로 꼽힙니다. 한편 전범국 일본은 민간 고체로켓 개발에 별다른 제약을 받지 않아 형평성 문제가 제기되기도 합니다.

우주개발 독립의 첫걸음, 천리안 2A호

나로호 발사는 다른 나라에 의존한 우주기술의 한계를 실감케 했어요. 이후 100% 대한민국의 기술로 로켓을 발사하려는 연구가 시작되었습니다. 한국형 발사체 누리호의 시험발사 성공에 이어, 2018년 12월 5일 천리안 2A 위성이 목표 궤도에 안착했어요. 순수 국내 기술만으로 위성 설계부터 조립까지 마친 최초의 위성입니다.

천리안 2A호는 지구와 같은 속도로 자전하며 항상 한반도 상공에 머무르는 정지궤도 위성입니다. 이로써 우리나라는 상공 3만 6,000km에서 24시간 운용 가능한 3.5t급 위성기술을 확보한 세계 여덟 번째 국가가 되었습니다.

천리안 2A호는 한반도를 비롯한 중국, 동남아, 호주 등의 기상을 24시간 관측합니다. 태풍의 경로는 물론이고 강도와 지역별 예상 강우량까지 실시간으로 파악할 수 있어요. 여태까지 일기예보에 사용한 위성정보는 흑백 영상이라 섬세한 대처가 쉽지 않았습니다. 하지만 천리안 2A호는 컬러 영상을 제공할 뿐 아니라, 국지성 집중호우도 최소 2시간 전에 예측할 수 있어 기상 피해를 줄이는 데 큰 몫을 담당할 예정입니다.

간추려 보기

- 오늘날 우주개발은 몇몇 선진국이 주도한다.
- 한정된 자원인 정지궤도를 차지하려는 국가 간 경쟁이 치열하다.
- 주요 국가들의 우주 공간 선점이 제국주의적이라는 비판이 일고 있다.
- 로켓 발사체를 평가하는 국제사회의 관점이 다소 편파적이라는 목소리도 존재한다.
- 우리나라는 한미 미사일 지침에 따라 우주개발을 제한받아 왔다. 지침 완화 이후 순수 국내 기술로 우주 발사체를 만들기 위한 연구가 한창이다.

7장 바람직한 우주개발 방향

인류의 생활공간은 이제 지구를 넘어 우주까지 뻗어 나갑니다. 국제법에 따르면 우주는 누구의 소유도 아니에요. 하지만 오늘날의 우주 진출 방식에 아무런 문제가 없을까요? 무분별한 위성 발사로 지구 주위에는 우주쓰레기가 가득합니다. 자본과 기술력을 앞세운 선진국들은 비밀리에 각자의 이익을 위해서만 우주로 나아가지요. 무분별한 난개발이 지구를 망치듯 마구잡이식 우주개발 또한 부작용을 낳을 것입니다. 안전하고 평화로운 우주 진출을 위해 어떤 노력을 기울여야 할지 알아봅시다.

위험천만 우주쓰레기

아름다운 밤하늘을 바라보며 우주로 떠날 날을 꿈꾸곤 합니다. 그런데 혹시 우주를 떠다니는 쓰레기들이 지구를 잔뜩 둘러싸고 있다는 사실을 알고 있나요?

우주쓰레기란 수명이 다해 지구 궤도를 떠도는 인공위성이나 그 잔해 따위를 가리켜요. 스푸트니크 1호와 같이 임무를 마친 인공위성, 우주왕복선에서 떨어져 나온 작은 쇳조각, 우주 비행사가 손에서 놓친 공구 들이 지구 주위를 빽빽이 메우고 있어요. 1992년 발사된 우리나라 국적 위성 '우리별'과 1999년부터 2008년까지 임무를 수행하던 '아리랑 1호'도 지금은 우주쓰레기가 된 상태입니다.

우주쓰레기는 1초에 무려 8km나 이동합니다. 아주 작은 조각이라도 이렇게 빠른 속도로 움직이면 인공위성이나 우주정거장에 부딪혀 치명적인 피해를 줄 수 있어요. 1980년에는 우주쓰레기와의 충돌로 태양활동관측위성 솔라맥스(Solarmax)가 발사 두 달 만에 고장 났어요. 1983년 지구로 귀환하던 챌린저호는 조그마한 페인트 조각 때문에 조종사석 창문에 땅콩만 한 구멍이 뚫리기도 했지요.

한국천문연구원 산하 우주환경감시기관에 따르면 크기 10cm 이상의 인공 우주물체 1만 8,848개(2018년 1월 8일 기준)가 지구 주변 궤도를 돌고 있습니다. 1cm 이하의 물체는 약 50만 개 정도로 예상합니다. 이 중 대부분은 수백 년 내에 지표면으로 추락합니다.

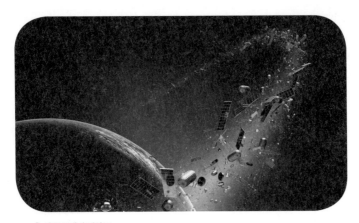

▌ 우주쓰레기 예상도

알아 두기

케슬러 증후군(Kessler syndrome)

케슬러 증후군이란 저궤도에 촘촘히 분포한 우주쓰레기가 인공위성의 충돌사고를 유발해 파편이 기하급수적으로 늘어나고, 이로 인해 다시 위성들이 파괴되는 악순환을 일컫는 개념입니다. 1978년 NASA 소속 과학자 도널드 J. 케슬러가 논문을 통해 제시한 주장으로 그의 이름을 따 케슬러 증후군이라 불러요. 케슬러는 앞으로 우주쓰레기 때문에 우주탐사가 불가능해질 뿐 아니라 기존의 인공위성들도 사용할 수 없게 될 것이라며 경고했습니다.

우주쓰레기 청소법

톈궁 1호 추락 이후 안전한 우주탐사를 위해 우주쓰레기를 청소할 여러 방안을 개발하고 있습니다. 가까운 미래에 우주 청소부가 유망 직업으로 자리 잡을지도 몰라요. 우주를 깨끗하고 안전하게 청소할 몇 가지 방법을 소개합니다.

그물망 청소

우주쓰레기에 그물을 던져 한데 모아 대기권으로 떨어뜨리는 방법입니다. 대기권에 진입한 우주쓰레기는 공기와 마찰하며 불타 없어집니다. 크기가 작은 우주쓰레기를 대상으로 가능한 방안이에요.

우주 끈끈이

탄성이 강하고 부드러운 800~1,600m 크기의 거대한 막을 우주에 띄우는 방법입니다. 막에 부딪힌 쓰레기는 궤도를 잃어 지구를 향해 낙하하며 연소합니다. 다만 우주 끈끈이의 크기가 커 우주로 쏘아 올리기 쉽지 않다는 게 단점이에요.

레이저 빗자루

미국 공군이 1990년대부터 추진한 방법입니다. 지상에서 레이저 빔을 발사해 우주쓰레기의 궤도를 바꿔 대기권으로 추락시켜요. 그러나 궤도 변경으로 인해 다른 쓰레기와 충돌하면 새로운 파편을 만들 가능성이 있습니다.

우주 풍선 GOLD

GOLD(Gossamer Orbit Lowering Device)는 글로벌에어로스페이스(Global Aerospace)사가 내놓은 장치로 접고 펼 수 있는 37kg의 풍선입니다. 풍선의 재질은 샌드위치 포장지보다 얇아 작은 양의 가스로도 팽창합니다. 작은 상자에 담은 풍선을 로켓에 장착하면 로켓이 궤도를 이탈할 즈음 풍선은 지름 100m 정도까지 커져요.

풍선은 우주를 두둥실 떠다니며 우주에 흩어진 부품과 로켓 잔해를 그러모아요. 우주쓰레기를 거둬들인 풍선은 제어장치의 명령을 받아 지구로 귀환합니다. 귀환 중에 소형 쓰레기는 자연 산화되고 대형 쓰레기는 안전하게 바다로 내려앉습니다.

첨단기술 활용을 통한 비용 절약

우주개발은 고도로 발전된 기술을 통해야만 가능하면서도 투자 대비 효과가 작아 섣불리 도전하기 어려운 분야입니다. 보다 효율적으로 우주를 개발할 방법은 없을까요?

우주 진출의 가장 큰 장벽은 바로 비용입니다. 일부 선진국만이 우주를 선점한 이유도 개발 비용 때문이지요. 그중에서도 발사체를 만드는 데 제일 많은 돈이 들어갑니다. 다행히 과학기술의 발달은 발사체 개발 비용을 크게 절감시켰어요. 엔진을 소형화하거나 한 번 사용한 발사체를 재활용하는 방식이 큰 효과를 거두었습니다. 2011년까지 미국 우주왕복선 발사에는 회당 평균 1조 5,000억 원이 소모되었습니다. 반면 스페이스X가 팰컨 헤비 발사

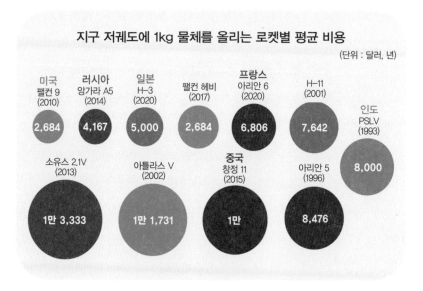

지구 저궤도에 1kg 물체를 올리는 로켓별 평균 비용

(단위 : 달러, 년)

미국 팰컨 9 (2010)	러시아 앙가라 A5 (2014)	일본 H-3 (2020)	팰컨 헤비 (2017)	프랑스 아리안 6 (2020)	H-11 (2001)	
2,684	4,167	5,000	2,684	6,806	7,642	인도 PSLV (1993)
소유스 2.1V (2013)	아틀라스 V (2002)		중국 창정 11 (2015)	아리안 5 (1996)		8,000
1만 3,333	1만 1,731		1만	8,476		

┃ 출처: 미국연방항공국(Federal Aviation Administration)

에 들인 비용은 1,627억 원 정도에 불과해요.

3D 프린터 역시 우주개발에 획기적인 변화를 가져왔습니다. 엔진과 같이 복잡한 로켓 부품도 3D 프린터와 탄소섬유로 간편하게 제작할 수 있어요. 뉴질랜드 기업 로켓랩(Rocket Lab)사가 개발한 로켓 일렉트론(Electron)의 엔진 한 기는 3D 프린터를 이용해 단 24시간 만에 찍어 냅니다. 3D 프린터를 활용하면 제작 기간과 필요 인력을 크게 아낄 수 있어요.

범인류적 기술 개발

순수한 과학적 호기심만 갖고 우주를 연구한다면 개별 연구보다는 공동연구가 훨씬 효과적입니다. 그러나 앞서 살펴보았듯 각국은 우주개발이라는 미명 아래 남몰래 연구한 군사기술로 쉴 새 없이 경쟁해 왔습니다. 선진국들은 경쟁국보다 앞서기 위해 막대한 비용과 인력을 투입했습니다. 특히 로켓 무기의 발명 이후 군비경쟁은 더욱 치열해졌어요. 우주기술을 이용한 신무기 개발은 경쟁국이 또 다른 무기 개발에 착수하게 하는 악순환을 불러왔습니다.

결국, 무기 감축을 달성하기 위한 필수 요소는 평화 협력 체제입니다. 서로 공격하지 않는다는 확신이 있다면 우주개발을 극비에 부칠 필요가 없지요. 오직 과학 연구 목적으로만 우주에 진출한다면 모든 기술을 공유해도 상관없습니다. 세계 평화가 우주개발 협력을 가능하게 만드는 것입니다.

연구 협력을 통해 비용을 아낀 만큼 지구 공동체를 위해 투자할 수도 있습니다. 조 단위의 우주탐사 비용 중 10%만 절감해도 적지 않은 금액입니다. 국경의 장벽을 넘어 범인류적 차원에서 우주개발에 나선다면 충분히 실현 가능한 일입니다.

우주활동을 규제하는 법원칙 선언

1963년 12월 13일 UN 총회에서 〈우주활동을 규제하는 법원칙 선언〉이 만장일치로 통과되었습니다. 이 선언에서 우주는 모두를 위한 공간이자 인류를 향한 공통의 목표를 추구하는 곳으로 정했습니다. 그러나 안타깝게도 법적인 구속력을 갖추지 않아 이를 위반한다 해도 처벌할 근거가 없어요. 다만, 우주활동에 관한 원칙을 처음으로 모색했다는 데 의의가 있습니다. 내용은 다음과 같아요.

- 우주의 탐사와 활용은 모든 인류에게 혜택과 이익을 주는 방향으로 추진되어야 한다.
- 평등 원칙을 기반으로 국제법에 따라 모든 국가는 우주를 자유롭게 탐사하고 활용할 권리가 있다.
- 우주에 대해서는 어떠한 주권이나 소유권도 주장할 수 없다.
- 우주에 발사된 물체와 인원이 외국 영토에 착륙하게 되면 즉시 그리고 안전하게 모국에 반환되어야 한다.
- 우주로 물체를 발사한 국가는 그 물체가 초래한 피해의 책임을 져야 한다.
- 우주인은 '인류 전체의 외교사절'이므로 해당 국가는 그들이 곤란에 처했을 경우 가능한 모든 지원을 제공해야 하며, 그들이 자국 영토에 착륙했을 때는 그들을 모국으로 송환해야 한다.

최초의 우주 헌법, 우주 천체 조약

1967년 1월 27일 미국, 영국, 소련의 주도로 〈달과 기타 천체를 포함한 우주의 탐색과 이용에 있어서의 국가 활동을 규율하는 원칙에 관한 조약〉이 탄생했어요. '우주 천체 조약'이라고도 불리는 이 조약은 우주에 관한 최초의 성문법이며 가장 기본적인 '우주 헌장(宇宙 憲章)'으로 꼽힙니다. 대한민국을 비롯한 100여 개 국가가 이 조약에 서명했어요.

우주 천체 조약에 따르면 외기권, 즉 우주의 개발과 사용은 모든 국가의 이익을 위한 것이어야 합니다. 모든 국가는 국제법에 따라 평등하게 우주를 탐사하고 이용하며 자유롭게 접근할 수 있습니다. 조약국은 핵무기 및 기타 대량 살상 무기를 실은 물체를 지구 궤도에 올리지 않아야 하고, 천체에 해당 무기를 설치해서도 안 됩니다. 또한, 달과 그 외 천체를 평화적 목적으로만 사용해야 하며, 군사기지 건설, 핵무기 설치 및 실험, 외기권에서의 군사 기동연습 등은 금지됩니다.

조약국은 우주탐사 시 환경오염을 최대한 줄이는 방법을 택해야 하며, 환

▌ 국제우주정거장에는 다양한 국적의 우주인 10여 명이 체류 중이다.

경에 불리한 변화를 일으켜선 안 될 의무도 있습니다. 우주활동이 국가 간에 영향을 주는 경우 당사국과 협의 과정을 거쳐야 해요. 조약국이 외기권에 설치하는 기지, 설비, 장비나 우주선은 당사국 대표들에게 공개해야 하지요. 당사국은 모든 우주활동과 우주에 발사한 물체의 피해에 책임을 집니다.

강력한 우주 법규의 필요성

만일 우주 천체 조약이 철저하게 지켜진다면 우주개발에 따르는 불안감이 지금보단 훨씬 덜할 거예요. 하지만 강제성이 없는 조약은 누군가 위반한다 해도 국제적 제재를 받지 않습니다. 트럼프 대통령이 우주군 창설을 지시해도 다른 나라에서 이를 막을 방안은 전혀 없지요. 게다가 우주 천체 조약이 맺어진 후 40년 넘는 세월이 흐르면서 우주개발의 양상도 상당히 바뀌었습니다. 더 현실적인 우주 법규가 필요한 상황이에요. 평화로운 우주개발을 위해 인류는 어떤 노력을 기울여야 할까요?

우주쓰레기는 이른 시일 내에 해결하지 않으면 우주 진출을 힘들게 하고 인류의 삶을 위협할 것입니다. 우주쓰레기의 영향으로 발생할 우주선 사고는 인명과 재산에 돌이킬 수 없는 피해를 일으켜요. 대규모의 불상사를 예방하기 위해 우주 진출국이 협력하여 우주쓰레기 청소에 나서야 합니다. 만일 특정 국가의 우주쓰레기가 인공위성이나 지구에 해를 끼쳤을 경우 해당국에 합당한 보상과 처벌을 시행하는 **손해배상** 협약도 필요해요.

현대인의 생활 기반을 지탱하는 인공위성에 관한 합의도 꼭 짚고 넘어가야 합니다. 한정된 자원인 정지궤도를 여러 나라에 적절히 배분하는 협의가 요구됩니다. 무선통신으로 지구와 연락하는 위성의 특성을 고려해 주파수 배분도 해결할 문제입니다. 근접한 위성들이 동일 주파수 대역을 사용하면 위성 간에 주파수 간섭이 심해져 통신과 방송에 지장을 주기 때문이죠.

인공위성 등록 제도도 어서 시행해야 합니다. 우주에서의 군사 대립을 방지하기 위해 모든 국가는 보유한 인공위성을 등록하고 그 목적을 밝혀야 합니다. 현재 미국을 비롯한 대부분 국가는 군사위성을 등록하지 않아요. 다른 나라의 상황을 서로 모르니 앞다퉈 군사위성 개발에 나설 수밖에 없는 상황입니다. 발사하는 모든 위성의 기능을 투명하게 밝혀 알리는 것이 우주 평화의 첫걸음입니다.

외교적 협력은 이 모든 일의 기본이겠지요. 비핵화, 대륙간탄도미사일 제재, 우주 무기 배치 반대 등 다양한 문제 해결에 전 세계의 합의가 필요합니다. 서로 공격하지 않는다는 믿음이 바탕에 깔려야만 안전한 우주를 만들 수 있어요. 우주 진출을 도모하는 국가들이 함께 연구소를 운영하고 기술을 공유하는 공동연구도 외교 협력을 기초로 이루어집니다.

이와 같은 합의 사항을 위반하면 분명한 불이익을 가하는 강력한 우주 법규가 필요합니다. 달과 화성을 향한 인류의 진출은 이제 눈앞의 현실로 다가왔습니다. 강제성을 지닌 우주 법규 제정은 더는 늦출 수 없는 우리의 과제입니다.

인물탐구 달을 파는 사나이, 데니스 호프

Dennis Hope
President of the Galactic Government

▌데니스 호프(Dennis Hope)
출처: 위키미디어 공용

600만 명이 넘는 지구인이 달과 우주의 토지를 소유하고 있다는 사실을 알고 있나요? 실제로 데니스 호프라는 미국인은 '달 대사관(Lunar Embassy)'이라는 기업을 만들어 달의 땅을 팔고 있어요. 단돈 24.99달러(우리 돈 약 3만 원)만 내면 축구장 두 개 넓이의 땅을 가질 수 있습니다.

호프는 1980년 미국 정부에 태양계 모든 행성과 위성이 자신의 땅이라는 소송을 제기했어요. 샌프란시스코 법원은 우주 천체 조약을 검토한 뒤 태양계의 땅이 호프의 소유라고 인정했습니다. 다소 황당한 이 소송은 조약의 빈틈을 노린 것입니다. 우주 천체 조약은 어느 국가도 달을 포함한 천체를 지배할 수 없도록 명시하여, 기업이나 국가가 영리 목적으로 달을 소유하지 못하게 합니다. 하지만 조약 안에 개인에 관한 언급은 없었어요. 호프는 이 허점을 파고들어 달의 토지를 판매하기 시작했습니다.

호프는 달은 물론 화성 등 여러 행성의 토지를 원하는 사람에게 팔고 1,100만 달러(우리 돈 약 123억 원)의 거금을 벌어들였습니다. 하지만 사람들이 실제로 달에 거주하게 됐을 때 호프가 판매한 소유권이 인정될지는 알 수 없어요. UN은 호프가 땅이 아닌 로맨틱한 꿈을 판다고 생각해 특별한 제재를 가하지 않습니다.

간추려 보기

- 많은 양의 우주쓰레기가 지구 궤도를 가득 둘러싸고 있다. 우주쓰레기가 지구와 우주선, 인공위성의 안전을 위협하는 실정이다.
- 오늘날 첨단기술을 활용해 우주개발 비용을 크게 절감할 수 있다.
- 우주탐사에 관한 최초의 성문법인 우주 천체 조약이 1967년 제정되었다. 그러나 법적 구속력이 없어 유명무실하다는 비판을 받는다.
- 현실적인 우주 법규를 신설해 평화롭고 안전한 우주 진출 방안을 모색해야 한다.

용어 설명

갈릴레오 프로젝트 유럽연합(EU)에서 추진 중인 항법 시스템 개발 계획. 30기의 인공위성 네트워크를 이용해 지상에 있는 대상물의 위치를 정확히 추적하는 것을 목표로 하는 유럽판 GPS 시스템이다.

걸프전 1990년 8월 2일 이라크가 쿠웨이트를 침공하자 미국, 영국, 프랑스 등 34개국으로 구성된 다국적군이 이라크를 상대로 전개한 전쟁.

광년(光年, light-year) 천문학에서 사용하는 거리의 단위. 기호는 ly(light year)이다. 국제천문연맹이 내린 정의에 따르면 1광년은 진공 상태에서 1율리우스년 동안 빛이 이동한 거리를 뜻함.

대기권 지구를 둘러싼 대기의 층. 대기권의 높이는 약 1,000km이며 높이에 따른 온도 분포에 따라 대류권, 성층권, 중간권, 열권으로 나눈다.

무중력 중력이 작용하지 않거나 중력이 작용하더라도 다른 힘과 상쇄되어 중력이 작용하지 않는 것처럼 보이는 상태. 지구와는 달리 물체를 아래로 당기는 힘이 없어 물체를 공중에 놓아도 물체가 낙하하지 않는다.

민간기업 민간이 소유하는 기업으로 영리를 목적으로 한다. 공기업(公企業)과 대립하는 개념으로 자본주의 사회에서 가장 전형적인 기업 형태.

발사체 인공위성을 목적 궤도까지 올려주는 운송 수단. 지상에서 우주 궤도 또는 아주 먼 우주 공간까지 화물을 실어 나르는 임무를 수행한다.

비핵화 핵무기를 폐기하는 것을 일컫는다. 핵 개발 및 핵확산과는 반대의 의미.

소련 유라시아 대륙의 북부에 위치하는 여러 소비에트 사회주의 공화국으로 구성된 최초의 사회주의 연방 국가. 1922년 12월 결성해 1991년 붕괴하였다.

손해배상 법률 위반 행위로 타인에게 손해를 끼친 경우, 손해를 입은 당사자에게 금전의 형태로 그 피해를 물어 주는 것.

아마존 세계 최초, 최대의 인터넷 서점이자 전자상거래를 기반으로 한 미국의 IT 기업. 1994년 투자관리자 출신 CEO 제프 베이조스가 설립했다.

예산 국가나 단체에서 일 년 동안의 수입과 지출을 미리 셈하여 정한 계획.

외교 국제 사회에서 한 국가가 자국의 정치적 목적이나 이익을 평화적으로 실현하기 위해 수행하는 모든 행위.

우주정거장 지구궤도에 건설되는 대형 우주 구조물로서 사람이 반영구적으로 생활하면서 우주 실험이나 우주 관측을 하는 기지.

적외선 탐지 카메라 파장이 가시광선보다 길어 눈에 보이지 않는 빛인 적외선을 찍는 카메라. 야간에도 사물을 볼 수 있는 장점 때문에 주로 특수 산업 분야에서 활용.

첩보 정치, 치안, 경제, 군사상의 목적 등을 위해 상대국이나 상대 조직의 정보를 수집하는 활동.

캐나다암 우주왕복선과 우주 정거장에 설치된 로봇 팔. 카메라가 설치되어 있으며, 부품을 조립하여 효율적인 우주 작업을 가능케 한다.

케네디 우주 센터 NASA가 건설한 거대한 로켓 발사기지. 최초로 달 착륙에 성공한 아폴로 11호도 이곳에서 발사되었다.

탄도미사일 로켓 발사의 추진력으로 대기권 내외를 탄도를 그리면서 날아가는 미사일.

팰컨 헤비 스페이스X가 제작한 민간 최초의 우주탐사용 로켓. 재사용 로켓을 활용했으며 화성 궤도에 도달한 이후 태양을 타원 궤도로 돌면서 10억 년 동안 우주에 머물 계획.

헬륨3 헬륨과 비슷하나 질량이 약간 다른 헬륨의 동위 원소. 위험한 방사성 물질 없이도 핵융합 원료로 사용할 수 있다. 지구의 에너지 문제를 해결할 것으로 주목받는 중요 자원.

V2 미사일 제2차 세계대전 당시 독일 나치가 개발한 탄도미사일. 전쟁 막바지에 영국에 큰 피해를 줬다.

연표

1957년	소련 인류 최초의 인공위성 스푸트니크 1호 발사
1958년	미국항공우주국(NASA) 설립
1961년	소련 첫 유인우주선 보스토크 1호 발사
1965년	프랑스 자체 개발 인공위성 A1 발사
1966년	소련 루나 9호 최초로 달에 연착륙 성공
1969년	미국 아폴로 11호 인류 최초로 달에 착륙
1970년	중국 최초의 인공위성 동방홍 1호 발사
1971년	소련 우주정거장 살류트 1호 발사
1973년	미국 우주정거장 스카이랩 발사
1976년	미국 바이킹 1호 화성에 착륙해 지구로 사진 전송 성공

1981년	미국 첫 유인 우주왕복선 컬럼비아호 발사
1986년	소련 우주정거장 미르 발사
1992년	대한민국 최초 인공위성 우리별 1호가 아리안 V로켓에 실려 발사
1998년	국제우주정거장 건설 계획에 16개국 서명
1999년	한국 아리랑 1호 위성을 미국에서 발사
2000년	재난 극복용 위성사진 제공 단체인 인터내셔널 차터 활동 시작
2001년	최초의 민간 우주인 데니스 티토 우주여행 성공
2003년	중국 최초의 유인우주선 선저우 5호 발사
2006년	한국 아리랑 2호 위성을 러시아에서 발사
2008년	일본 아시아 첫 우주정거장 키보 발사
2010년	한국 정지궤도 위성 천리안 1호를 아리안 5호에 실어 발사
2011년	중국 우주정거장 톈궁 1호 발사

더 알아보기

UN 우주 업무 사무국 http://www.unoosa.org/oosa/index.html
UN 산하 단체로서 UN 회원국들의 외계 탐사 시 평화적 협력과 기술 개발, 사회적 합의를 도출하는 기관. 국제 우주법과 각 나라의 우주 행동을 조율.

한국항공우주연구원 https://www.kari.re.kr/kor.do
대한민국 항공우주 과학기술 영역을 연구하는 핵심 기관. 항공기, 인공위성, 우주 발사체의 종합시스템 및 핵심기술 연구개발과 국가 항공 우주개발 정책수립 지원, 항공우주과학기술 정보의 유통 및 보급을 담당.

우주환경감시기관 http://www.nssao.or.kr
인공 우주물체와 우주쓰레기의 지구 추락으로부터 국민의 안전과 자산을 보호하기 위한 기관. 우주 위험에 대한 신속한 대응과 예보를 담당하며, 우주물체가 추락할 때 실시간 모니터링을 수행.

나로 우주 센터 우주과학관 http://www.narospacecenter.kr
우리나라 최초의 위성 발사장인 나로 우주 센터에 있는 우주과학관. 우주과학 기본 원리 탐구, 로켓과 인공위성 체험, 아리랑 2호 실물 감상 등이 가능.

참고 자료

도서

《우주 개발의 숨은 이야기》 　　　　　　　　　　　정홍철, 살림, 2004

《섹스, 폭탄 그리고 햄버거》 　　　　　　　　　　피터 노왁, 문학동네, 2012

《빅브라더(Big brother)를 향한 우주전쟁》 　　　　강진원, 지식과감성, 2013

《우주 무기화 시대의 미래 예측 보고서》 　　　헬렌 캘디컷 외 1인, 알마, 2015

《NASA, 우주개발의 비밀》 　　　　　　　　　토머스 D. 존스, 아라크네, 2017

논문 및 보고서

〈우주개발과 우주산업의 연계 방안〉 　　　조황희, 과학기술정책연구원, 2009

〈한국형발사체(KSLV-II) 개발사업 예비타당성조사 보고서〉

　　　　　　　　　　　　　　　　　　한국과학기술기획평가원, 2009

〈우주개발의 현황과 미래방향〉 　　　　최남미, 과학기술정책연구원, 2010

찾아보기

내인생의책 은 한 권의 책을 만들 때마다
우리 아이들이 나중에 자라 이 책이 '내 인생의 책'이라고 말할 수 있는 책을 만들고자 합니다.

세상에 대하여 우리가 더 잘 알아야 할 교양

⑥⑦ 우주개발 우주 불평등을 초래할까?

양서윤 지음

초판 인쇄일 2019년 2월 15일 | 초판 발행일 2019년 2월 28일
펴낸이 조기룡 | 펴낸곳 내인생의책 | 등록번호 제10-2315호
주소 서울시 서초구 나루터로 60 정원빌딩 A동 4층
전화 (02) 335-0449, 335-0445(편집) | 팩스 (02) 6499-1165
편집 하빛 | 디자인 위하영

ISBN 979-11-5723-461-5 (44300)
       979-11-5723-416-5 (세트)

책값은 뒤표지에 있습니다. 잘못된 책은 구입처에서 바꾸어 드립니다.

이 도서의 국립중앙도서관 출판시도서목록(CIP)은 e-CIP 홈페이지(http://www.ml.go.kr/ecip)에서 이용하실 수 있습니다.
(CIP제어번호: 2019002799)

내인생의책에서는 참신한 발상, 따뜻한 시선을 가진 원고를 기다리고 있습니다.
원고는 내인생의책 전자우편이나 홈페이지를 이용해 보내 주세요. 여러분의 소중한 경험과 지식을 나누세요.

전자우편 bookinmylife@naver.com | 홈페이지 http://bookinmylife.com

어린이제품 안전 특별법에 의한 제품 표시

제조자명 내인생의책 | **제조 연월** 2019년 2월 | **제조국** 대한민국 | **사용연령** 5세 이상 어린이 제품
주소 및 연락처 서울시 서초구 나루터로 60 정원빌딩 A동 4층 (02) 335-0449 | **담당 편집자** 하빛